†

밑글씨가 있는 성경 필사노트

| 마가복음 |

밑글씨가 있는 성경 필사노트 _마가복음

1판 1쇄 발행 2021년 11월 25일

지은이 돌탕연구소
펴낸이 오형선
펴낸곳 돌아온탕자

출판등록 2009년 5월 1일 제25100-2009-000027
주소 세종특별자치시 한누리대로 237, 3층 12호
대표전화 070-8277-4048 **팩스** 02-6280-2964
이메일 sunnbooks@naver.com

썬앤북스(Sun&Books)는 독자 여러분의 책에 관한 아이디어와 원고 투고를 기다립니다. 책으로 엮기를 원하는 기획안이나 원고가 있으신 분은 이메일(sunnbooks@naver.com)로 간단한 개요와 취지, 연락처를 보내주세요. 저희의 문은 언제나 열려있습니다. 감사합니다.

하나님의 말씀을
선물합니다.

나의 소중한

__________________ 님께

마가복음 1장
1. 하나님의 아들 예수 그리스도의 복음의 시작이라
2. 선지자 이사야의 글에 보라 내가 내 사자를 네 앞에 보내노니 그가 네 길을 준비하리라
3. 광야에 외치는 자의 소리가 있어 이르되 너희는 주의 길을 준비하라 그의 오실 길을 곧게 하라 기록된 것과 같이
4. 세례 요한이 광야에 이르러 죄 사함을 받게 하는 회개의 세례를 전파하니
5. 온 유대 지방과 예루살렘 사람이 다 나아가 자기 죄를 자복하고 요단 강에서 그에게 세례를 받더라
6. 요한은 낙타털 옷을 입고 허리에 가죽 띠를 띠고 메뚜기와 석청을 먹더라
7. 그가 전파하여 이르되 나보다 능력 많으신 이가 내 뒤에 오시나니 나는 굽혀 그의 신발끈을 풀기도 감당하지 못하겠노라
8. 나는 너희에게 물로 세례를 베풀었거니와 그는 너희에게 성령으로 세례를 베푸시리라
9. 그 때에 예수께서 갈릴리 나사렛으로부터 와서 요단 강에서 요한에게 세례를 받으시고
10. 곧 물에서 올라오실새 하늘이 갈라짐과 성령이 비둘기 같이 자기에게 내려오심을 보시더니
11. 하늘로부터 소리가 나기를 너는 내 사랑하는 아들이라 내가 너를 기뻐하노라 하시니라

마가복음 1장

1. 하나님의 아들 예수 그리스도의 복음의 시작이라
2. 선지자 이사야의 글에 보라 내가 내 사자를 네 앞에 보내노니 그가 네 길을 준비하리라
3. 광야에 외치는 자의 소리가 있어 이르되 너희는 주의 길을 준비하라 그의 오실 길을 곧게 하라 기록된 것과 같이
4. 세례 요한이 광야에 이르러 죄 사함을 받게 하는 회개의 세례를 전파하니
5. 온 유대 지방과 예루살렘 사람이 다 나아가 자기 죄를 자복하고 요단 강에서 그에게 세례를 받더라
6. 요한은 낙타털 옷을 입고 허리에 가죽 띠를 띠고 메뚜기와 석청을 먹더라
7. 그가 전파하여 이르되 나보다 능력 많으신 이가 내 뒤에 오시나니 나는 굽혀 그의 신발끈을 풀기도 감당하지 못하겠노라
8. 나는 너희에게 물로 세례를 베풀었거니와 그는 너희에게 성령으로 세례를 베푸시리라
9. 그 때에 예수께서 갈릴리 나사렛으로부터 와서 요단 강에서 요한에게 세례를 받으시고
10. 곧 물에서 올라오실새 하늘이 갈라짐과 성령이 비둘기 같이 자기에게 내려오심을 보시더니
11. 하늘로부터 소리가 나기를 너는 내 사랑하는 아들이라 내가 너를 기뻐하노라 하시니라

12. 성령이 곧 예수를 광야로 몰아내신지라
13. 광야에서 사십 일을 계시면서 사탄에게 시험을 받으시며 들짐승과 함께 계시니
천사들이 수종들더라
14. 요한이 잡힌 후 예수께서 갈릴리에 오셔서 하나님의 복음을 전파하여
15. 이르시되 때가 찼고 하나님의 나라가 가까이 왔으니 회개하고 복음을 믿으라
하시더라
16. 갈릴리 해변으로 지나가시다가 시몬과 그 형제 안드레가 바다에 그물 던지는
것을 보시니 그들은 어부라
17. 예수께서 이르시되 나를 따라오라 내가 너희로 사람을 낚는 어부가 되게 하리
라 하시니
18. 곧 그물을 버려 두고 따르니라
19. 조금 더 가시다가 세베대의 아들 야고보와 그 형제 요한을 보시니 그들도 배에
있어 그물을 깁는데
20. 곧 부르시니 그 아버지 세베대를 품꾼들과 함께 배에 버려 두고 예수를 따라가
니라
21. 그들이 가버나움에 들어가니라 예수께서 곧 안식일에 회당에 들어가 가르치
시매
22. 뭇 사람이 그의 교훈에 놀라니 이는 그가 가르치시는 것이 권위 있는 자와 같고
서기관들과 같지 아니함일러라
23. 마침 그들의 회당에 더러운 귀신 들린 사람이 있어 소리 질러 이르되
24. 나사렛 예수여 우리가 당신과 무슨 상관이 있나이까 우리를 멸하러 왔나이까
나는 당신이 누구인 줄 아노니 하나님의 거룩한 자니이다

12. 성령이 곧 예수를 광야로 몰아내신지라
13. 광야에서 사십 일을 계시면서 사탄에게 시험을 받으시며 들짐승과 함께 계시니
천사들이 수종들더라
14. 요한이 잡힌 후 예수께서 갈릴리에 오셔서 하나님의 복음을 전파하여
15. 이르시되 때가 찼고 하나님의 나라가 가까이 왔으니 회개하고 복음을 믿으라
하시더라
16. 갈릴리 해변으로 지나가시다가 시몬과 그 형제 안드레가 바다에 그물 던지는
것을 보시니 그들은 어부라
17. 예수께서 이르시되 나를 따라오라 내가 너희로 사람을 낚는 어부가 되게 하리
라 하시니
18. 곧 그물을 버려 두고 따르니라
19. 조금 더 가시다가 세베대의 아들 야고보와 그 형제 요한을 보시니 그들도 배에
있어 그물을 깁는데
20. 곧 부르시니 그 아버지 세베대를 품꾼들과 함께 배에 버려 두고 예수를 따라가
니라
21. 그들이 가버나움에 들어가니라 예수께서 곧 안식일에 회당에 들어가 가르치
시매
22. 뭇 사람이 그의 교훈에 놀라니 이는 그가 가르치시는 것이 권위 있는 자와 같고
서기관들과 같지 아니함일러라
23. 마침 그들의 회당에 더러운 귀신 들린 사람이 있어 소리 질러 이르되
24. 나사렛 예수여 우리가 당신과 무슨 상관이 있나이까 우리를 멸하러 왔나이까
나는 당신이 누구인 줄 아노니 하나님의 거룩한 자니이다

25. 예수께서 꾸짖어 이르시되 잠잠하고 그 사람에게서 나오라 하시니
26. 더러운 귀신이 그 사람에게 경련을 일으키고 큰 소리를 지르며 나오는
지라
27. 다 놀라 서로 물어 이르되 이는 어찜이냐 권위 있는 새 교훈이로다 더러
운 귀신들에게 명한즉 순종하는도다 하더라
28. 예수의 소문이 곧 온 갈릴리 사방에 퍼지더라
29. 회당에서 나와 곧 야고보와 요한과 함께 시몬과 안드레의 집에 들어가
시니
30. 시몬의 장모가 열병으로 누워 있는지라 사람들이 곧 그 여자에 대하여
예수께 여짜온대
31. 나아가사 그 손을 잡아 일으키시니 열병이 떠나고 여자가 그들에게 수
종드니라
32. 저물어 해 질 때에 모든 병자와 귀신 들린 자를 예수께 데려오니
33. 온 동네가 그 문 앞에 모였더라
34. 예수께서 각종 병이 든 많은 사람을 고치시며 많은 귀신을 내쫓으시되
귀신이 자기를 알므로 그 말하는 것을 허락하지 아니하시니라
35. 새벽 아직도 밝기 전에 예수께서 일어나 나가 한적한 곳으로 가사 거기
서 기도하시더니
36. 시몬과 및 그와 함께 있는 자들이 예수의 뒤를 따라가
37. 만나서 이르되 모든 사람이 주를 찾나이다
38. 이르시되 우리가 다른 가까운 마을들로 가자 거기서도 전도하리니 내가
이를 위하여 왔노라 하시고

25. 예수께서 꾸짖어 이르시되 잠잠하고 그 사람에게서 나오라 하시니
26. 더러운 귀신이 그 사람에게 경련을 일으키고 큰 소리를 지르며 나오는
지라
27. 다 놀라 서로 물어 이르되 이는 어찜이냐 권위 있는 새 교훈이로다 더러
운 귀신들에게 명한즉 순종하는도다 하더라
28. 예수의 소문이 곧 온 갈릴리 사방에 퍼지더라
29. 회당에서 나와 곧 야고보와 요한과 함께 시몬과 안드레의 집에 들어가
시니
30. 시몬의 장모가 열병으로 누워 있는지라 사람들이 곧 그 여자에 대하여
예수께 여짜온대
31. 나아가사 그 손을 잡아 일으키시니 열병이 떠나고 여자가 그들에게 수
종드니라
32. 저물어 해 질 때에 모든 병자와 귀신 들린 자를 예수께 데려오니
33. 온 동네가 그 문 앞에 모였더라
34. 예수께서 각종 병이 든 많은 사람을 고치시며 많은 귀신을 내쫓으시되
귀신이 자기를 알므로 그 말하는 것을 허락하지 아니하시니라
35. 새벽 아직도 밝기 전에 예수께서 일어나 나가 한적한 곳으로 가사 거기
서 기도하시더니
36. 시몬과 및 그와 함께 있는 자들이 예수의 뒤를 따라가
37. 만나서 이르되 모든 사람이 주를 찾나이다
38. 이르시되 우리가 다른 가까운 마을들로 가자 거기서도 전도하리니 내가
이를 위하여 왔노라 하시고

39. 이에 온 갈릴리에 다니시며 그들의 여러 회당에서 전도하시고 또 귀신들을 내쫓으시더라
40. 한 나병환자가 예수께 와서 꿇어 엎드려 간구하여 이르되 원하시면 저를 깨끗하게 하실 수 있나이다
41. 예수께서 불쌍히 여기사 손을 내밀어 그에게 대시며 이르시되 내가 원하노니 깨끗함을 받으라 하시니
42. 곧 나병이 그 사람에게서 떠나가고 깨끗하여진지라
43. 곧 보내시며 엄히 경고하사
44. 이르시되 삼가 아무에게 아무 말도 하지 말고 가서 네 몸을 제사장에게 보이고 네가 깨끗하게 되었으니 모세가 명한 것을 드려 그들에게 입증하라 하셨더라
45. 그러나 그 사람이 나가서 이 일을 많이 전파하여 널리 퍼지게 하니 그러므로 예수께서 다시는 드러나게 동네에 들어가지 못하시고 오직 바깥 한적한 곳에 계셨으나 사방에서 사람들이 그에게로 나아오더라

마가복음 2장

1. 수 일 후에 예수께서 다시 가버나움에 들어가시니 집에 계시다는 소문이 들린지라
2. 많은 사람이 모여서 문 앞까지도 들어설 자리가 없게 되었는데 예수께서 그들에게 도를 말씀하시더니
3. 사람들이 한 중풍병자를 네 사람에게 메워 가지고 예수께로 올새
4. 무리들 때문에 예수께 데려갈 수 없으므로 그 계신 곳의 지붕을 뜯어 구멍을 내고 중풍병자가 누운 상을 달아 내리니

39. 이에 온 갈릴리에 다니시며 그들의 여러 회당에서 전도하시고 또 귀신들을 내쫓으시더라
40. 한 나병환자가 예수께 와서 꿇어 엎드려 간구하여 이르되 원하시면 저를 깨끗하게 하실 수 있나이다
41. 예수께서 불쌍히 여기사 손을 내밀어 그에게 대시며 이르시되 내가 원하노니 깨끗함을 받으라 하시니
42. 곧 나병이 그 사람에게서 떠나가고 깨끗하여진지라
43. 곧 보내시며 엄히 경고하사
44. 이르시되 삼가 아무에게 아무 말도 하지 말고 가서 네 몸을 제사장에게 보이고 네가 깨끗하게 되었으니 모세가 명한 것을 드려 그들에게 입증하라 하셨더라
45. 그러나 그 사람이 나가서 이 일을 많이 전파하여 널리 퍼지게 하니 그러므로 예수께서 다시는 드러나게 동네에 들어가지 못하시고 오직 바깥 한적한 곳에 계셨으나 사방에서 사람들이 그에게로 나아오더라

마가복음 2장

1. 수 일 후에 예수께서 다시 가버나움에 들어가시니 집에 계시다는 소문이 들린지라
2. 많은 사람이 모여서 문 앞까지도 들어설 자리가 없게 되었는데 예수께서 그들에게 도를 말씀하시더니
3. 사람들이 한 중풍병자를 네 사람에게 메워 가지고 예수께로 올새
4. 무리들 때문에 예수께 데려갈 수 없으므로 그 계신 곳의 지붕을 뜯어 구멍을 내고 중풍병자가 누운 상을 달아 내리니

5. 예수께서 그들의 믿음을 보시고 중풍병자에게 이르시되 작은 자야 네 죄 사함을 받았느니라 하시니
6. 어떤 서기관들이 거기 앉아서 마음에 생각하기를
7. 이 사람이 어찌 이렇게 말하는가 신성 모독이로다 오직 하나님 한 분 외에는 누가 능히 죄를 사하겠느냐
8. 그들이 속으로 이렇게 생각하는 줄을 예수께서 곧 중심에 아시고 이르시되 어찌하여 이것을 마음에 생각하느냐
9. 중풍병자에게 네 죄 사함을 받았느니라 하는 말과 일어나 네 상을 가지고 걸어가라 하는 말 중에서 어느 것이 쉽겠느냐
10. 그러나 인자가 땅에서 죄를 사하는 권세가 있는 줄을 너희로 알게 하려 하노라 하시고 중풍병자에게 말씀하시되
11. 내가 네게 이르노니 일어나 네 상을 가지고 집으로 가라 하시니
12. 그가 일어나 곧 상을 가지고 모든 사람 앞에서 나가거늘 그들이 다 놀라 하나님께 영광을 돌리며 이르되 우리가 이런 일을 도무지 보지 못하였다 하더라
13. 예수께서 다시 바닷가에 나가시매 큰 무리가 나왔거늘 예수께서 그들을 가르치시니라
14. 또 지나가시다가 알패오의 아들 레위가 세관에 앉아 있는 것을 보시고 그에게 이르시되 나를 따르라 하시니 일어나 따르니라
15. 그의 집에 앉아 잡수실 때에 많은 세리와 죄인들이 예수와 그의 제자들과 함께 앉았으니 이는 그러한 사람들이 많이 있어서 예수를 따름이러라

5. 예수께서 그들의 믿음을 보시고 중풍병자에게 이르시되 작은 자야 네 죄 사함을 받았느니라 하시니
6. 어떤 서기관들이 거기 앉아서 마음에 생각하기를
7. 이 사람이 어찌 이렇게 말하는가 신성 모독이로다 오직 하나님 한 분 외에는 누가 능히 죄를 사하겠느냐
8. 그들이 속으로 이렇게 생각하는 줄을 예수께서 곧 중심에 아시고 이르시되 어찌하여 이것을 마음에 생각하느냐
9. 중풍병자에게 네 죄 사함을 받았느니라 하는 말과 일어나 네 상을 가지고 걸어가라 하는 말 중에서 어느 것이 쉽겠느냐
10. 그러나 인자가 땅에서 죄를 사하는 권세가 있는 줄을 너희로 알게 하려 하노라 하시고 중풍병자에게 말씀하시되
11. 내가 네게 이르노니 일어나 네 상을 가지고 집으로 가라 하시니
12. 그가 일어나 곧 상을 가지고 모든 사람 앞에서 나가거늘 그들이 다 놀라 하나님께 영광을 돌리며 이르되 우리가 이런 일을 도무지 보지 못하였다 하더라
13. 예수께서 다시 바닷가에 나가시매 큰 무리가 나왔거늘 예수께서 그들을 가르치시니라
14. 또 지나가시다가 알패오의 아들 레위가 세관에 앉아 있는 것을 보시고 그에게 이르시되 나를 따르라 하시니 일어나 따르니라
15. 그의 집에 앉아 잡수실 때에 많은 세리와 죄인들이 예수와 그의 제자들과 함께 앉았으니 이는 그러한 사람들이 많이 있어서 예수를 따름이러라

16. 바리새인의 서기관들이 예수께서 죄인 및 세리들과 함께 잡수시는 것을 보고 그의 제자들에게 이르되 어찌하여 세리 및 죄인들과 함께 먹는가
17. 예수께서 들으시고 그들에게 이르시되 건강한 자에게는 의사가 쓸 데 없고 병든 자에게라야 쓸 데 있느니라 나는 의인을 부르러 온 것이 아니요 죄인을 부르러 왔노라 하시니라
18. 요한의 제자들과 바리새인들이 금식하고 있는지라 사람들이 예수께 와서 말하되 요한의 제자들과 바리새인의 제자들은 금식하는데 어찌하여 당신의 제자들은 금식하지 아니하나이까
19. 예수께서 그들에게 이르시되 혼인 집 손님들이 신랑과 함께 있을 때에 금식할 수 있느냐 신랑과 함께 있을 동안에는 금식할 수 없느니라
20. 그러나 신랑을 빼앗길 날이 이르리니 그 날에는 금식할 것이니라
21. 생베 조각을 낡은 옷에 붙이는 자가 없나니 만일 그렇게 하면 기운 새 것이 낡은 그것을 당기어 해어짐이 더하게 되느니라
22. 새 포도주를 낡은 가죽 부대에 넣는 자가 없나니 만일 그렇게 하면 새 포도주가 부대를 터뜨려 포도주와 부대를 버리게 되리라 오직 새 포도주는 새 부대에 넣느니라 하시니라
23. 안식일에 예수께서 밀밭 사이로 지나가실새 그의 제자들이 길을 열며 이삭을 자르니
24. 바리새인들이 예수께 말하되 보시오 저들이 어찌하여 안식일에 하지 못할 일을 하나이까
25. 예수께서 이르시되 다윗이 자기와 및 함께 한 자들이 먹을 것이 없어 시장할 때에 한 일을 읽지 못하였느냐

16. 바리새인의 서기관들이 예수께서 죄인 및 세리들과 함께 잡수시는 것을 보고 그의 제자들에게 이르되 어찌하여 세리 및 죄인들과 함께 먹는가
17. 예수께서 들으시고 그들에게 이르시되 건강한 자에게는 의사가 쓸 데 없고 병든 자에게라야 쓸 데 있느니라 나는 의인을 부르러 온 것이 아니요 죄인을 부르러 왔노라 하시니라
18. 요한의 제자들과 바리새인들이 금식하고 있는지라 사람들이 예수께 와서 말하되 요한의 제자들과 바리새인의 제자들은 금식하는데 어찌하여 당신의 제자들은 금식하지 아니하나이까
19. 예수께서 그들에게 이르시되 혼인 집 손님들이 신랑과 함께 있을 때에 금식할 수 있느냐 신랑과 함께 있을 동안에는 금식할 수 없느니라
20. 그러나 신랑을 빼앗길 날이 이르리니 그 날에는 금식할 것이니라
21. 생베 조각을 낡은 옷에 붙이는 자가 없나니 만일 그렇게 하면 기운 새 것이 낡은 그것을 당기어 해어짐이 더하게 되느니라
22. 새 포도주를 낡은 가죽 부대에 넣는 자가 없나니 만일 그렇게 하면 새 포도주가 부대를 터뜨려 포도주와 부대를 버리게 되리라 오직 새 포도주는 새 부대에 넣느니라 하시니라
23. 안식일에 예수께서 밀밭 사이로 지나가실새 그의 제자들이 길을 열며 이삭을 자르니
24. 바리새인들이 예수께 말하되 보시오 저들이 어찌하여 안식일에 하지 못할 일을 하나이까
25. 예수께서 이르시되 다윗이 자기와 및 함께 한 자들이 먹을 것이 없어 시장할 때에 한 일을 읽지 못하였느냐

26. 그가 아비아달 대제사장 때에 하나님의 전에 들어가서 제사장 외에는 먹어서는 안 되는 진설병을 먹고 함께 한 자들에게도 주지 아니하였느냐
27. 또 이르시되 안식일이 사람을 위하여 있는 것이요 사람이 안식일을 위하여 있는 것이 아니니
28. 이러므로 인자는 안식일에도 주인이니라

마가복음 3장

1. 예수께서 다시 회당에 들어가시니 한쪽 손 마른 사람이 거기 있는지라
2. 사람들이 예수를 고발하려 하여 안식일에 그 사람을 고치시는가 주시하고 있거늘
3. 예수께서 손 마른 사람에게 이르시되 한 가운데에 일어서라 하시고
4. 그들에게 이르시되 안식일에 선을 행하는 것과 악을 행하는 것, 생명을 구하는 것과 죽이는 것, 어느 것이 옳으냐 하시니 그들이 잠잠하거늘
5. 그들의 마음이 완악함을 탄식하사 노하심으로 그들을 둘러 보시고 그 사람에게 이르시되 네 손을 내밀라 하시니 내밀매 그 손이 회복되었더라
6. 바리새인들이 나가서 곧 헤롯당과 함께 어떻게 하여 예수를 죽일까 의논하니라
7. 예수께서 제자들과 함께 바다로 물러가시니 갈릴리에서 큰 무리가 따르며
8. 유대와 예루살렘과 이두매와 요단 강 건너편과 또 두로와 시돈 근처에서 많은 무리가 그가 하신 큰 일을 듣고 나아오는지라
9. 예수께서 무리가 에워싸 미는 것을 피하기 위하여 작은 배를 대기하도

26. 그가 아비아달 대제사장 때에 하나님의 전에 들어가서 제사장 외에는 먹어서는 안 되는 진설병을 먹고 함께 한 자들에게도 주지 아니하였느냐
27. 또 이르시되 안식일이 사람을 위하여 있는 것이요 사람이 안식일을 위하여 있는 것이 아니니
28. 이러므로 인자는 안식일에도 주인이니라

마가복음 3장

1. 예수께서 다시 회당에 들어가시니 한쪽 손 마른 사람이 거기 있는지라
2. 사람들이 예수를 고발하려 하여 안식일에 그 사람을 고치시는가 주시하고 있거늘
3. 예수께서 손 마른 사람에게 이르시되 한 가운데에 일어서라 하시고
4. 그들에게 이르시되 안식일에 선을 행하는 것과 악을 행하는 것, 생명을 구하는 것과 죽이는 것, 어느 것이 옳으냐 하시니 그들이 잠잠하거늘
5. 그들의 마음이 완악함을 탄식하사 노하심으로 그들을 둘러 보시고 그 사람에게 이르시되 네 손을 내밀라 하시니 내밀매 그 손이 회복되었더라
6. 바리새인들이 나가서 곧 헤롯당과 함께 어떻게 하여 예수를 죽일까 의논하니라
7. 예수께서 제자들과 함께 바다로 물러가시니 갈릴리에서 큰 무리가 따르며
8. 유대와 예루살렘과 이두매와 요단 강 건너편과 또 두로와 시돈 근처에서 많은 무리가 그가 하신 큰 일을 듣고 나아오는지라
9. 예수께서 무리가 에워싸 미는 것을 피하기 위하여 작은 배를 대기하도

록 제자들에게 명하셨으니
10. 이는 많은 사람을 고치셨으므로 병으로 고생하는 자들이 예수를 만지고자 하여
몰려왔음이더라
11. 더러운 귀신들도 어느 때든지 예수를 보면 그 앞에 엎드려 부르짖어 이르되 당
신은 하나님의 아들이니이다 하니
12. 예수께서 자기를 나타내지 말라고 많이 경고하시니라
13. 또 산에 오르사 자기가 원하는 자들을 부르시니 나아온지라
14. 이에 열둘을 세우셨으니 이는 자기와 함께 있게 하시고 또 보내사 전도도 하며
15. 귀신을 내쫓는 권능도 가지게 하려 하심이러라
16. 이 열둘을 세우셨으니 시몬에게는 베드로란 이름을 더하셨고
17. 또 세베대의 아들 야고보와 야고보의 형제 요한이니 이 둘에게는 보아너게 곧
우레의 아들이란 이름을 더하셨으며
18. 또 안드레와 빌립과 바돌로매와 마태와 도마와 알패오의 아들 야고보와 및 다
대오와 가나나인 시몬이며
19. 또 가룟 유다니 이는 예수를 판 자더라
20. 집에 들어가시니 무리가 다시 모이므로 식사할 겨를도 없는지라
21. 예수의 친족들이 듣고 그를 붙들러 나오니 이는 그가 미쳤다 함일러라
22. 예루살렘에서 내려온 서기관들은 그가 바알세불이 지폈다 하며 또 귀신의 왕을
힘입어 귀신을 쫓아낸다 하니
23. 예수께서 그들을 불러다가 비유로 말씀하시되 사탄이 어찌 사탄을 쫓아낼 수
있느냐
24. 또 만일 나라가 스스로 분쟁하면 그 나라가 설 수 없고

록 제자들에게 명하셨으니
10. 이는 많은 사람을 고치셨으므로 병으로 고생하는 자들이 예수를 만지고자 하여
몰려왔음이더라
11. 더러운 귀신들도 어느 때든지 예수를 보면 그 앞에 엎드려 부르짖어 이르되 당
신은 하나님의 아들이니이다 하니
12. 예수께서 자기를 나타내지 말라고 많이 경고하시니라
13. 또 산에 오르사 자기가 원하는 자들을 부르시니 나아온지라
14. 이에 열둘을 세우셨으니 이는 자기와 함께 있게 하시고 또 보내사 전도도 하며
15. 귀신을 내쫓는 권능도 가지게 하려 하심이러라
16. 이 열둘을 세우셨으니 시몬에게는 베드로란 이름을 더하셨고
17. 또 세베대의 아들 야고보와 야고보의 형제 요한이니 이 둘에게는 보아너게 곧
우레의 아들이란 이름을 더하셨으며
18. 또 안드레와 빌립과 바돌로매와 마태와 도마와 알패오의 아들 야고보와 및 다
대오와 가나나인 시몬이며
19. 또 가룟 유다니 이는 예수를 판 자더라
20. 집에 들어가시니 무리가 다시 모이므로 식사할 겨를도 없는지라
21. 예수의 친족들이 듣고 그를 붙들러 나오니 이는 그가 미쳤다 함일러라
22. 예루살렘에서 내려온 서기관들은 그가 바알세불이 지폈다 하며 또 귀신의 왕을
힘입어 귀신을 쫓아낸다 하니
23. 예수께서 그들을 불러다가 비유로 말씀하시되 사탄이 어찌 사탄을 쫓아낼 수
있느냐
24. 또 만일 나라가 스스로 분쟁하면 그 나라가 설 수 없고

25. 만일 집이 스스로 분쟁하면 그 집이 설 수 없고
26. 만일 사탄이 자기를 거슬러 일어나 분쟁하면 설 수 없고 망하느니라
27. 사람이 먼저 강한 자를 결박하지 않고는 그 강한 자의 집에 들어가 세간을 강탈하지 못하리니 결박한 후에야 그 집을 강탈하리라
28. 내가 진실로 너희에게 이르노니 사람의 모든 죄와 모든 모독하는 일은 사하심을 얻되
29. 누구든지 성령을 모독하는 자는 영원히 사하심을 얻지 못하고 영원한 죄가 되느니라 하시니
30. 이는 그들이 말하기를 더러운 귀신이 들렸다 함이러라
31. 그 때에 예수의 어머니와 동생들이 와서 밖에 서서 사람을 보내어 예수를 부르니
32. 무리가 예수를 둘러 앉았다가 여짜오되 보소서 당신의 어머니와 동생들과 누이들이 밖에서 찾나이다
33. 대답하시되 누가 내 어머니이며 동생들이냐 하시고
34. 둘러 앉은 자들을 보시며 이르시되 내 어머니와 내 동생들을 보라
35. 누구든지 하나님의 뜻대로 행하는 자가 내 형제요 자매요 어머니이니라

마가복음 4장

1. 예수께서 다시 바닷가에서 가르치시니 큰 무리가 모여들거늘 예수께서 바다에 떠 있는 배에 올라 앉으시고 온 무리는 바닷가 육지에 있더라
2. 이에 예수께서 여러 가지를 비유로 가르치시니 그 가르치시는 중에 그들에게 이르시되

25. 만일 집이 스스로 분쟁하면 그 집이 설 수 없고
26. 만일 사탄이 자기를 거슬러 일어나 분쟁하면 설 수 없고 망하느니라
27. 사람이 먼저 강한 자를 결박하지 않고는 그 강한 자의 집에 들어가 세간을 강탈하지 못하리니 결박한 후에야 그 집을 강탈하리라
28. 내가 진실로 너희에게 이르노니 사람의 모든 죄와 모든 모독하는 일은 사하심을 얻되
29. 누구든지 성령을 모독하는 자는 영원히 사하심을 얻지 못하고 영원한 죄가 되느니라 하시니
30. 이는 그들이 말하기를 더러운 귀신이 들렸다 함이러라
31. 그 때에 예수의 어머니와 동생들이 와서 밖에 서서 사람을 보내어 예수를 부르니
32. 무리가 예수를 둘러 앉았다가 여짜오되 보소서 당신의 어머니와 동생들과 누이들이 밖에서 찾나이다
33. 대답하시되 누가 내 어머니이며 동생들이냐 하시고
34. 둘러 앉은 자들을 보시며 이르시되 내 어머니와 내 동생들을 보라
35. 누구든지 하나님의 뜻대로 행하는 자가 내 형제요 자매요 어머니이니라

마가복음 4장

1. 예수께서 다시 바닷가에서 가르치시니 큰 무리가 모여들거늘 예수께서 바다에 떠 있는 배에 올라 앉으시고 온 무리는 바닷가 육지에 있더라
2. 이에 예수께서 여러 가지를 비유로 가르치시니 그 가르치시는 중에 그들에게 이르시되

3. 들으라 씨를 뿌리는 자가 뿌리러 나가서
4. 뿌릴새 더러는 길 가에 떨어지매 새들이 와서 먹어 버렸고
5. 더러는 흙이 얕은 돌밭에 떨어지매 흙이 깊지 아니하므로 곧 싹이 나오나
6. 해가 돋은 후에 타서 뿌리가 없으므로 말랐고
7. 더러는 가시떨기에 떨어지매 가시가 자라 기운을 막으므로 결실하지 못하였고
8. 더러는 좋은 땅에 떨어지매 자라 무성하여 결실하였으니 삼십 배나 육십 배나 백 배가 되었느니라 하시고
9. 또 이르시되 들을 귀 있는 자는 들으라 하시니라
10. 예수께서 홀로 계실 때에 함께 한 사람들이 열두 제자와 더불어 그 비유들에 대하여 물으니
11. 이르시되 하나님 나라의 비밀을 너희에게는 주었으나 외인에게는 모든 것을 비유로 하나니
12. 이는 그들로 보기는 보아도 알지 못하며 듣기는 들어도 깨닫지 못하게 하여 돌이켜 죄 사함을 얻지 못하게 하려 함이라 하시고
13. 또 이르시되 너희가 이 비유를 알지 못할진대 어떻게 모든 비유를 알겠느냐
14. 뿌리는 자는 말씀을 뿌리는 것이라
15. 말씀이 길 가에 뿌려졌다는 것은 이들을 가리킴이니 곧 말씀을 들었을 때에 사탄이 즉시 와서 그들에게 뿌려진 말씀을 빼앗는 것이요
16. 또 이와 같이 돌밭에 뿌려졌다는 것은 이들을 가리킴이니 곧 말씀을 들을 때에 즉시 기쁨으로 받으나
17. 그 속에 뿌리가 없어 잠깐 견디다가 말씀으로 인하여 환난이나 박해가 일어나는 때에는 곧 넘어지는 자요

3. 들으라 씨를 뿌리는 자가 뿌리러 나가서
4. 뿌릴새 더러는 길 가에 떨어지매 새들이 와서 먹어 버렸고
5. 더러는 흙이 얕은 돌밭에 떨어지매 흙이 깊지 아니하므로 곧 싹이 나오나
6. 해가 돋은 후에 타서 뿌리가 없으므로 말랐고
7. 더러는 가시떨기에 떨어지매 가시가 자라 기운을 막으므로 결실하지 못하였고
8. 더러는 좋은 땅에 떨어지매 자라 무성하여 결실하였으니 삼십 배나 육십 배나 백 배가 되었느니라 하시고
9. 또 이르시되 들을 귀 있는 자는 들으라 하시니라
10. 예수께서 홀로 계실 때에 함께 한 사람들이 열두 제자와 더불어 그 비유들에 대하여 물으니
11. 이르시되 하나님 나라의 비밀을 너희에게는 주었으나 외인에게는 모든 것을 비유로 하나니
12. 이는 그들로 보기는 보아도 알지 못하며 듣기는 들어도 깨닫지 못하게 하여 돌이켜 죄 사함을 얻지 못하게 하려 함이라 하시고
13. 또 이르시되 너희가 이 비유를 알지 못할진대 어떻게 모든 비유를 알겠느냐
14. 뿌리는 자는 말씀을 뿌리는 것이라
15. 말씀이 길 가에 뿌려졌다는 것은 이들을 가리킴이니 곧 말씀을 들었을 때에 사탄이 즉시 와서 그들에게 뿌려진 말씀을 빼앗는 것이요
16. 또 이와 같이 돌밭에 뿌려졌다는 것은 이들을 가리킴이니 곧 말씀을 들을 때에 즉시 기쁨으로 받으나
17. 그 속에 뿌리가 없어 잠깐 견디다가 말씀으로 인하여 환난이나 박해가 일어나는 때에는 곧 넘어지는 자요

18. 또 어떤 이는 가시떨기에 뿌려진 자니 이들은 말씀을 듣기는 하되
19. 세상의 염려와 재물의 유혹과 기타 욕심이 들어와 말씀을 막아 결실하
지 못하게 되는 자요
20. 좋은 땅에 뿌려졌다는 것은 곧 말씀을 듣고 받아 삼십 배나 육십 배나
백 배의 결실을 하는 자니라
21. 또 그들에게 이르시되 사람이 등불을 가져오는 것은 말 아래에나 평상
아래에 두려 함이냐 등경 위에 두려 함이 아니냐
22. 드러내려 하지 않고는 숨긴 것이 없고 나타내려 하지 않고는 감추인 것
이 없느니라
23. 들을 귀 있는 자는 들으라
24. 또 이르시되 너희가 무엇을 듣는가 스스로 삼가라 너희의 헤아리는 그
헤아림으로 너희가 헤아림을 받을 것이며 더 받으리니
25. 있는 자는 받을 것이요 없는 자는 그 있는 것까지도 빼앗기리라
26. 또 이르시되 하나님의 나라는 사람이 씨를 땅에 뿌림과 같으니
27. 그가 밤낮 자고 깨고 하는 중에 씨가 나서 자라되 어떻게 그리 되는지를
알지 못하느니라
28. 땅이 스스로 열매를 맺되 처음에는 싹이요 다음에는 이삭이요 그 다음
에는 이삭에 충실한 곡식이라
29. 열매가 익으면 곧 낫을 대나니 이는 추수 때가 이르렀음이라
30. 또 이르시되 우리가 하나님의 나라를 어떻게 비교하며 또 무슨 비유로
나타낼까
31. 겨자씨 한 알과 같으니 땅에 심길 때에는 땅 위의 모든 씨보다 작은 것

18. 또 어떤 이는 가시떨기에 뿌려진 자니 이들은 말씀을 듣기는 하되
19. 세상의 염려와 재물의 유혹과 기타 욕심이 들어와 말씀을 막아 결실하
지 못하게 되는 자요
20. 좋은 땅에 뿌려졌다는 것은 곧 말씀을 듣고 받아 삼십 배나 육십 배나
백 배의 결실을 하는 자니라
21. 또 그들에게 이르시되 사람이 등불을 가져오는 것은 말 아래에나 평상
아래에 두려 함이냐 등경 위에 두려 함이 아니냐
22. 드러내려 하지 않고는 숨긴 것이 없고 나타내려 하지 않고는 감추인 것
이 없느니라
23. 들을 귀 있는 자는 들으라
24. 또 이르시되 너희가 무엇을 듣는가 스스로 삼가라 너희의 헤아리는 그
헤아림으로 너희가 헤아림을 받을 것이며 더 받으리니
25. 있는 자는 받을 것이요 없는 자는 그 있는 것까지도 빼앗기리라
26. 또 이르시되 하나님의 나라는 사람이 씨를 땅에 뿌림과 같으니
27. 그가 밤낮 자고 깨고 하는 중에 씨가 나서 자라되 어떻게 그리 되는지를
알지 못하느니라
28. 땅이 스스로 열매를 맺되 처음에는 싹이요 다음에는 이삭이요 그 다음
에는 이삭에 충실한 곡식이라
29. 열매가 익으면 곧 낫을 대나니 이는 추수 때가 이르렀음이라
30. 또 이르시되 우리가 하나님의 나라를 어떻게 비교하며 또 무슨 비유로
나타낼까
31. 겨자씨 한 알과 같으니 땅에 심길 때에는 땅 위의 모든 씨보다 작은 것

이로되
32. 심긴 후에는 자라서 모든 풀보다 커지며 큰 가지를 내나니 공중의 새들이 그 그늘에 깃들일 만큼 되느니라
33. 예수께서 이러한 많은 비유로 그들이 알아 들을 수 있는 대로 말씀을 가르치시되
34. 비유가 아니면 말씀하지 아니하시고 다만 혼자 계실 때에 그 제자들에게 모든 것을 해석하시더라
35. 그 날 저물 때에 제자들에게 이르시되 우리가 저편으로 건너가자 하시니
36. 그들이 무리를 떠나 예수를 배에 계신 그대로 모시고 가매 다른 배들도 함께 하더니
37. 큰 광풍이 일어나며 물결이 배에 부딪쳐 들어와 배에 가득하게 되었더라
38. 예수께서는 고물에서 베개를 베고 주무시더니 제자들이 깨우며 이르되 선생님이여 우리가 죽게 된 것을 돌보지 아니하시나이까 하니
39. 예수께서 깨어 바람을 꾸짖으시며 바다더러 이르시되 잠잠하라 고요하라 하시니 바람이 그치고 아주 잔잔하여지더라
40. 이에 제자들에게 이르시되 어찌하여 이렇게 무서워하느냐 너희가 어찌 믿음이 없느냐 하시니
41. 그들이 심히 두려워하여 서로 말하되 그가 누구이기에 바람과 바다도 순종하는가 하였더라

마가복음 5장
1. 예수께서 바다 건너편 거라사인의 지방에 이르러

이로되
32. 심긴 후에는 자라서 모든 풀보다 커지며 큰 가지를 내나니 공중의 새들이 그 그늘에 깃들일 만큼 되느니라
33. 예수께서 이러한 많은 비유로 그들이 알아 들을 수 있는 대로 말씀을 가르치시되
34. 비유가 아니면 말씀하지 아니하시고 다만 혼자 계실 때에 그 제자들에게 모든 것을 해석하시더라
35. 그 날 저물 때에 제자들에게 이르시되 우리가 저편으로 건너가자 하시니
36. 그들이 무리를 떠나 예수를 배에 계신 그대로 모시고 가매 다른 배들도 함께 하더니
37. 큰 광풍이 일어나며 물결이 배에 부딪쳐 들어와 배에 가득하게 되었더라
38. 예수께서는 고물에서 베개를 베고 주무시더니 제자들이 깨우며 이르되 선생님이여 우리가 죽게 된 것을 돌보지 아니하시나이까 하니
39. 예수께서 깨어 바람을 꾸짖으시며 바다더러 이르시되 잠잠하라 고요하라 하시니 바람이 그치고 아주 잔잔하여지더라
40. 이에 제자들에게 이르시되 어찌하여 이렇게 무서워하느냐 너희가 어찌 믿음이 없느냐 하시니
41. 그들이 심히 두려워하여 서로 말하되 그가 누구이기에 바람과 바다도 순종하는가 하였더라

마가복음 5장

1. 예수께서 바다 건너편 거라사인의 지방에 이르러

2. 배에서 나오시매 곧 더러운 귀신 들린 사람이 무덤 사이에서 나와 예수를 만나니라
3. 그 사람은 무덤 사이에 거처하는데 이제는 아무도 그를 쇠사슬로도 맬 수 없게 되었으니
4. 이는 여러 번 고랑과 쇠사슬에 매였어도 쇠사슬을 끊고 고랑을 깨뜨렸음이러라 그리하여 아무도 그를 제어할 힘이 없는지라
5. 밤낮 무덤 사이에서나 산에서나 늘 소리 지르며 돌로 자기의 몸을 해치고 있었더라
6. 그가 멀리서 예수를 보고 달려와 절하며
7. 큰 소리로 부르짖어 이르되 지극히 높으신 하나님의 아들 예수여 나와 당신이 무슨 상관이 있나이까 원하건대 하나님 앞에 맹세하고 나를 괴롭히지 마옵소서 하니
8. 이는 예수께서 이미 그에게 이르시기를 더러운 귀신아 그 사람에게서 나오라 하셨음이라
9. 이에 물으시되 네 이름이 무엇이냐 이르되 내 이름은 군대니 우리가 많음이니이다 하고
10. 자기를 그 지방에서 내보내지 마시기를 간구하더니
11. 마침 거기 돼지의 큰 떼가 산 곁에서 먹고 있는지라
12. 이에 간구하여 이르되 우리를 돼지에게로 보내어 들어가게 하소서 하니
13. 허락하신대 더러운 귀신들이 나와서 돼지에게로 들어가매 거의 이천 마리 되는 떼가 바다를 향하여 비탈로 내리달아 바다에서 몰사하거늘
14. 치던 자들이 도망하여 읍내와 여러 마을에 말하니 사람들이 어떻게 되

2. 배에서 나오시매 곧 더러운 귀신 들린 사람이 무덤 사이에서 나와 예수를 만나니라
3. 그 사람은 무덤 사이에 거처하는데 이제는 아무도 그를 쇠사슬로도 맬 수 없게 되었으니
4. 이는 여러 번 고랑과 쇠사슬에 매였어도 쇠사슬을 끊고 고랑을 깨뜨렸음이러라 그리하여 아무도 그를 제어할 힘이 없는지라
5. 밤낮 무덤 사이에서나 산에서나 늘 소리 지르며 돌로 자기의 몸을 해치고 있었더라
6. 그가 멀리서 예수를 보고 달려와 절하며
7. 큰 소리로 부르짖어 이르되 지극히 높으신 하나님의 아들 예수여 나와 당신이 무슨 상관이 있나이까 원하건대 하나님 앞에 맹세하고 나를 괴롭히지 마옵소서 하니
8. 이는 예수께서 이미 그에게 이르시기를 더러운 귀신아 그 사람에게서 나오라 하셨음이라
9. 이에 물으시되 네 이름이 무엇이냐 이르되 내 이름은 군대니 우리가 많음이니이다 하고
10. 자기를 그 지방에서 내보내지 마시기를 간구하더니
11. 마침 거기 돼지의 큰 떼가 산 곁에서 먹고 있는지라
12. 이에 간구하여 이르되 우리를 돼지에게로 보내어 들어가게 하소서 하니
13. 허락하신대 더러운 귀신들이 나와서 돼지에게로 들어가매 거의 이천 마리 되는 떼가 바다를 향하여 비탈로 내리달아 바다에서 몰사하거늘
14. 치던 자들이 도망하여 읍내와 여러 마을에 말하니 사람들이 어떻게 되

었는지를 보러 와서
15. 예수께 이르러 그 귀신 들렸던 자 곧 군대 귀신 지폈던 자가 옷을 입고 정신이 온전하여 앉은 것을 보고 두려워하더라
16. 이에 귀신 들렸던 자가 당한 것과 돼지의 일을 본 자들이 그들에게 알리매
17. 그들이 예수께 그 지방에서 떠나시기를 간구하더라
18. 예수께서 배에 오르실 때에 귀신 들렸던 사람이 함께 있기를 간구하였으나
19. 허락하지 아니하시고 그에게 이르시되 집으로 돌아가 주께서 네게 어떻게 큰 일을 행하사 너를 불쌍히 여기신 것을 네 가족에게 알리라 하시니
20. 그가 가서 예수께서 자기에게 어떻게 큰 일 행하셨는지를 데가볼리에 전파하니 모든 사람이 놀랍게 여기더라
21. 예수께서 배를 타시고 다시 맞은편으로 건너가시니 큰 무리가 그에게로 모이거늘 이에 바닷가에 계시더니
22. 회당장 중의 하나인 야이로라 하는 이가 와서 예수를 보고 발 아래 엎드리어
23. 간곡히 구하여 이르되 내 어린 딸이 죽게 되었사오니 오셔서 그 위에 손을 얹으사 그로 구원을 받아 살게 하소서 하거늘
24. 이에 그와 함께 가실새 큰 무리가 따라가며 에워싸 밀더라
25. 열두 해를 혈루증으로 앓아 온 한 여자가 있어
26. 많은 의사에게 많은 괴로움을 받았고 가진 것도 다 허비하였으되 아무 효험이 없고 도리어 더 중하여졌던 차에
27. 예수의 소문을 듣고 무리 가운데 끼어 뒤로 와서 그의 옷에 손을 대니
28. 이는 내가 그의 옷에만 손을 대어도 구원을 받으리라 생각함일러라
29. 이에 그의 혈루 근원이 곧 마르매 병이 나은 줄을 몸에 깨달으니라

었는지를 보러 와서
15. 예수께 이르러 그 귀신 들렸던 자 곧 군대 귀신 지폈던 자가 옷을 입고 정신이
온전하여 앉은 것을 보고 두려워하더라
16. 이에 귀신 들렸던 자가 당한 것과 돼지의 일을 본 자들이 그들에게 알리매
17. 그들이 예수께 그 지방에서 떠나시기를 간구하더라
18. 예수께서 배에 오르실 때에 귀신 들렸던 사람이 함께 있기를 간구하였으나
19. 허락하지 아니하시고 그에게 이르시되 집으로 돌아가 주께서 네게 어떻게 큰
일을 행하사 너를 불쌍히 여기신 것을 네 가족에게 알리라 하시니
20. 그가 가서 예수께서 자기에게 어떻게 큰 일 행하셨는지를 데가볼리에 전파하니
모든 사람이 놀랍게 여기더라
21. 예수께서 배를 타시고 다시 맞은편으로 건너가시니 큰 무리가 그에게로 모이거
늘 이에 바닷가에 계시더니
22. 회당장 중의 하나인 야이로라 하는 이가 와서 예수를 보고 발 아래 엎드리어
23. 간곡히 구하여 이르되 내 어린 딸이 죽게 되었사오니 오셔서 그 위에 손을 얹으
사 그로 구원을 받아 살게 하소서 하거늘
24. 이에 그와 함께 가실새 큰 무리가 따라가며 에워싸 밀더라
25. 열두 해를 혈루증으로 앓아 온 한 여자가 있어
26. 많은 의사에게 많은 괴로움을 받았고 가진 것도 다 허비하였으되 아무 효험이
없고 도리어 더 중하여졌던 차에
27. 예수의 소문을 듣고 무리 가운데 끼어 뒤로 와서 그의 옷에 손을 대니
28. 이는 내가 그의 옷에만 손을 대어도 구원을 받으리라 생각함일러라
29. 이에 그의 혈루 근원이 곧 마르매 병이 나은 줄을 몸에 깨달으니라

30. 예수께서 그 능력이 자기에게서 나간 줄을 곧 스스로 아시고 무리 가운데서 돌이켜 말씀하시되 누가 내 옷에 손을 대었느냐 하시니
31. 제자들이 여짜오되 무리가 에워싸 미는 것을 보시며 누가 내게 손을 대었느냐 물으시나이까 하되
32. 예수께서 이 일 행한 여자를 보려고 둘러 보시니
33. 여자가 자기에게 이루어진 일을 알고 두려워하여 떨며 와서 그 앞에 엎드려 모든 사실을 여쭈니
34. 예수께서 이르시되 딸아 네 믿음이 너를 구원하였으니 평안히 가라 네 병에서 놓여 건강할지어다
35. 아직 예수께서 말씀하실 때에 회당장의 집에서 사람들이 와서 회당장에게 이르되 당신의 딸이 죽었나이다 어찌하여 선생을 더 괴롭게 하나이까
36. 예수께서 그 하는 말을 곁에서 들으시고 회당장에게 이르시되 두려워하지 말고 믿기만 하라 하시고
37. 베드로와 야고보와 야고보의 형제 요한 외에 아무도 따라옴을 허락하지 아니하시고
38. 회당장의 집에 함께 가사 떠드는 것과 사람들이 울며 심히 통곡함을 보시고
39. 들어가서 그들에게 이르시되 너희가 어찌하여 떠들며 우느냐 이 아이가 죽은 것이 아니라 잔다 하시니
40. 그들이 비웃더라 예수께서 그들을 다 내보내신 후에 아이의 부모와 또 자기와 함께 한 자들을 데리시고 아이 있는 곳에 들어가사

30. 예수께서 그 능력이 자기에게서 나간 줄을 곧 스스로 아시고 무리 가운데서 돌이켜 말씀하시되 누가 내 옷에 손을 대었느냐 하시니
31. 제자들이 여짜오되 무리가 에워싸 미는 것을 보시며 누가 내게 손을 대었느냐 물으시나이까 하되
32. 예수께서 이 일 행한 여자를 보려고 둘러 보시니
33. 여자가 자기에게 이루어진 일을 알고 두려워하여 떨며 와서 그 앞에 엎드려 모든 사실을 여쭈니
34. 예수께서 이르시되 딸아 네 믿음이 너를 구원하였으니 평안히 가라 네 병에서 놓여 건강할지어다
35. 아직 예수께서 말씀하실 때에 회당장의 집에서 사람들이 와서 회당장에게 이르되 당신의 딸이 죽었나이다 어찌하여 선생을 더 괴롭게 하나이까
36. 예수께서 그 하는 말을 곁에서 들으시고 회당장에게 이르시되 두려워하지 말고 믿기만 하라 하시고
37. 베드로와 야고보와 야고보의 형제 요한 외에 아무도 따라옴을 허락하지 아니하시고
38. 회당장의 집에 함께 가사 떠드는 것과 사람들이 울며 심히 통곡함을 보시고
39. 들어가서 그들에게 이르시되 너희가 어찌하여 떠들며 우느냐 이 아이가 죽은 것이 아니라 잔다 하시니
40. 그들이 비웃더라 예수께서 그들을 다 내보내신 후에 아이의 부모와 또 자기와 함께 한 자들을 데리시고 아이 있는 곳에 들어가사

41. 그 아이의 손을 잡고 이르시되 달리다굼 하시니 번역하면 곧 내가 네게 말하노니 소녀야 일어나라 하심이라
42. 소녀가 곧 일어나서 걸으니 나이가 열두 살이라 사람들이 곧 크게 놀라고 놀라거늘
43. 예수께서 이 일을 아무도 알지 못하게 하라고 그들을 많이 경계하시고 이에 소녀에게 먹을 것을 주라 하시니라

마가복음 6장

1. 예수께서 거기를 떠나사 고향으로 가시니 제자들도 따르니라
2. 안식일이 되어 회당에서 가르치시니 많은 사람이 듣고 놀라 이르되 이 사람이 어디서 이런 것을 얻었느냐 이 사람이 받은 지혜와 그 손으로 이루어지는 이런 권능이 어찌됨이냐
3. 이 사람이 마리아의 아들 목수가 아니냐 야고보와 요셉과 유다와 시몬의 형제가 아니냐 그 누이들이 우리와 함께 여기 있지 아니하냐 하고 예수를 배척한지라
4. 예수께서 그들에게 이르시되 선지자가 자기 고향과 자기 친척과 자기 집 외에서는 존경을 받지 못함이 없느니라 하시며
5. 거기서는 아무 권능도 행하실 수 없어 다만 소수의 병자에게 안수하여 고치실 뿐이었고
6. 그들이 믿지 않음을 이상히 여기셨더라 이에 모든 촌에 두루 다니시며 가르치시더라
7. 열두 제자를 부르사 둘씩 둘씩 보내시며 더러운 귀신을 제어하는 권능을 주시고

41. 그 아이의 손을 잡고 이르시되 달리다굼 하시니 번역하면 곧 내가 네게 말하노니 소녀야 일어나라 하심이라
42. 소녀가 곧 일어나서 걸으니 나이가 열두 살이라 사람들이 곧 크게 놀라고 놀라거늘
43. 예수께서 이 일을 아무도 알지 못하게 하라고 그들을 많이 경계하시고 이에 소녀에게 먹을 것을 주라 하시니라

마가복음 6장

1. 예수께서 거기를 떠나사 고향으로 가시니 제자들도 따르니라
2. 안식일이 되어 회당에서 가르치시니 많은 사람이 듣고 놀라 이르되 이 사람이 어디서 이런 것을 얻었느냐 이 사람이 받은 지혜와 그 손으로 이루어지는 이런 권능이 어찌됨이냐
3. 이 사람이 마리아의 아들 목수가 아니냐 야고보와 요셉과 유다와 시몬의 형제가 아니냐 그 누이들이 우리와 함께 여기 있지 아니하냐 하고 예수를 배척한지라
4. 예수께서 그들에게 이르시되 선지자가 자기 고향과 자기 친척과 자기 집 외에서는 존경을 받지 못함이 없느니라 하시며
5. 거기서는 아무 권능도 행하실 수 없어 다만 소수의 병자에게 안수하여 고치실 뿐이었고
6. 그들이 믿지 않음을 이상히 여기셨더라 이에 모든 촌에 두루 다니시며 가르치시더라
7. 열두 제자를 부르사 둘씩 둘씩 보내시며 더러운 귀신을 제어하는 권능을 주시고

8. 명하시되 여행을 위하여 지팡이 외에는 양식이나 배낭이나 전대의 돈이 나 아무 것도 가지지 말며
9. 신만 신고 두 벌 옷도 입지 말라 하시고
10. 또 이르시되 어디서든지 누구의 집에 들어가거든 그 곳을 떠나기까지 거기 유하라
11. 어느 곳에서든지 너희를 영접하지 아니하고 너희 말을 듣지도 아니하거든 거기서 나갈 때에 발 아래 먼지를 떨어버려 그들에게 증거를 삼으라 하시니
12. 제자들이 나가서 회개하라 전파하고
13. 많은 귀신을 쫓아내며 많은 병자에게 기름을 발라 고치더라
14. 이에 예수의 이름이 드러난지라 헤롯 왕이 듣고 이르되 이는 세례 요한이 죽은 자 가운데서 살아났도다 그러므로 이런 능력이 그 속에서 일어나느니라 하고
15. 어떤 이는 그가 엘리야라 하고 또 어떤 이는 그가 선지자니 옛 선지자 중의 하나와 같다 하되
16. 헤롯은 듣고 이르되 내가 목 벤 요한 그가 살아났다 하더라
17. 전에 헤롯이 자기가 동생 빌립의 아내 헤로디아에게 장가 든 고로 이 여자를 위하여 사람을 보내어 요한을 잡아 옥에 가두었으니
18. 이는 요한이 헤롯에게 말하되 동생의 아내를 취한 것이 옳지 않다 하였음이라
19. 헤로디아가 요한을 원수로 여겨 죽이고자 하였으되 하지 못한 것은
20. 헤롯이 요한을 의롭고 거룩한 사람으로 알고 두려워하여 보호하며 또

8. 명하시되 여행을 위하여 지팡이 외에는 양식이나 배낭이나 전대의 돈이 나 아무 것도 가지지 말며
9. 신만 신고 두 벌 옷도 입지 말라 하시고
10. 또 이르시되 어디서든지 누구의 집에 들어가거든 그 곳을 떠나기까지 거기 유하라
11. 어느 곳에서든지 너희를 영접하지 아니하고 너희 말을 듣지도 아니하거든 거기서 나갈 때에 발 아래 먼지를 떨어버려 그들에게 증거를 삼으라 하시니
12. 제자들이 나가서 회개하라 전파하고
13. 많은 귀신을 쫓아내며 많은 병자에게 기름을 발라 고치더라
14. 이에 예수의 이름이 드러난지라 헤롯 왕이 듣고 이르되 이는 세례 요한이 죽은 자 가운데서 살아났도다 그러므로 이런 능력이 그 속에서 일어나느니라 하고
15. 어떤 이는 그가 엘리야라 하고 또 어떤 이는 그가 선지자니 옛 선지자 중의 하나와 같다 하되
16. 헤롯은 듣고 이르되 내가 목 벤 요한 그가 살아났다 하더라
17. 전에 헤롯이 자기가 동생 빌립의 아내 헤로디아에게 장가 든 고로 이 여자를 위하여 사람을 보내어 요한을 잡아 옥에 가두었으니
18. 이는 요한이 헤롯에게 말하되 동생의 아내를 취한 것이 옳지 않다 하였음이라
19. 헤로디아가 요한을 원수로 여겨 죽이고자 하였으되 하지 못한 것은
20. 헤롯이 요한을 의롭고 거룩한 사람으로 알고 두려워하여 보호하며 또

그의 말을 들을 때에 크게 번민을 하면서도 달갑게 들음이러라
21. 마침 기회가 좋은 날이 왔으니 곧 헤롯이 자기 생일에 대신들과 천부장들과 갈릴리의 귀인들로 더불어 잔치할새
22. 헤로디아의 딸이 친히 들어와 춤을 추어 헤롯과 그와 함께 앉은 자들을 기쁘게 한지라 왕이 그 소녀에게 이르되 무엇이든지 네가 원하는 것을 내게 구하라 내가 주리라 하고
23. 또 맹세하기를 무엇이든지 네가 내게 구하면 내 나라의 절반까지라도 주리라 하거늘
24. 그가 나가서 그 어머니에게 말하되 내가 무엇을 구하리이까 그 어머니가 이르되 세례 요한의 머리를 구하라 하니
25. 그가 곧 왕에게 급히 들어가 구하여 이르되 세례 요한의 머리를 소반에 얹어 곧 내게 주기를 원하옵나이다 하니
26. 왕이 심히 근심하나 자기가 맹세한 것과 그 앉은 자들로 인하여 그를 거절할 수 없는지라
27. 왕이 곧 시위병 하나를 보내어 요한의 머리를 가져오라 명하니 그 사람이 나가 옥에서 요한을 목 베어
28. 그 머리를 소반에 얹어다가 소녀에게 주니 소녀가 이것을 그 어머니에게 주니라
29. 요한의 제자들이 듣고 와서 시체를 가져다가 장사하니라
30. 사도들이 예수께 모여 자기들이 행한 것과 가르친 것을 낱낱이 고하니
31. 이르시되 너희는 따로 한적한 곳에 가서 잠깐 쉬어라 하시니 이는 오고 가는 사람이 많아 음식 먹을 겨를도 없음이라
32. 이에 배를 타고 따로 한적한 곳에 갈새

그의 말을 들을 때에 크게 번민을 하면서도 달갑게 들음이러라
21. 마침 기회가 좋은 날이 왔으니 곧 헤롯이 자기 생일에 대신들과 천부장들과 갈
릴리의 귀인들로 더불어 잔치할새
22. 헤로디아의 딸이 친히 들어와 춤을 추어 헤롯과 그와 함께 앉은 자들을 기쁘게
한지라 왕이 그 소녀에게 이르되 무엇이든지 네가 원하는 것을 내게 구하라 내
가 주리라 하고
23. 또 맹세하기를 무엇이든지 네가 내게 구하면 내 나라의 절반까지라도 주리라
하거늘
24. 그가 나가서 그 어머니에게 말하되 내가 무엇을 구하리이까 그 어머니가 이르
되 세례 요한의 머리를 구하라 하니
25. 그가 곧 왕에게 급히 들어가 구하여 이르되 세례 요한의 머리를 소반에 얹어 곧
내게 주기를 원하옵나이다 하니
26. 왕이 심히 근심하나 자기가 맹세한 것과 그 앉은 자들로 인하여 그를 거절할 수
없는지라
27. 왕이 곧 시위병 하나를 보내어 요한의 머리를 가져오라 명하니 그 사람이 나가
옥에서 요한을 목 베어
28. 그 머리를 소반에 얹어다가 소녀에게 주니 소녀가 이것을 그 어머니에게 주니라
29. 요한의 제자들이 듣고 와서 시체를 가져다가 장사하니라
30. 사도들이 예수께 모여 자기들이 행한 것과 가르친 것을 낱낱이 고하니
31. 이르시되 너희는 따로 한적한 곳에 가서 잠깐 쉬어라 하시니 이는 오고 가는 사
람이 많아 음식 먹을 겨를도 없음이라
32. 이에 배를 타고 따로 한적한 곳에 갈새

33. 그들이 가는 것을 보고 많은 사람이 그들인 줄 안지라 모든 고을로부터 도보로 그 곳에 달려와 그들보다 먼저 갔더라
34. 예수께서 나오사 큰 무리를 보시고 그 목자 없는 양 같음으로 인하여 불쌍히 여기사 이에 여러 가지로 가르치시더라
35. 때가 저물어가매 제자들이 예수께 나아와 여짜오되 이 곳은 빈 들이요 날도 저물어가니
36. 무리를 보내어 두루 촌과 마을로 가서 무엇을 사 먹게 하옵소서
37. 대답하여 이르시되 너희가 먹을 것을 주라 하시니 여짜오되 우리가 가서 이백 데나리온의 떡을 사다 먹이리이까
38. 이르시되 너희에게 떡 몇 개나 있는지 가서 보라 하시니 알아보고 이르되 떡 다섯 개와 물고기 두 마리가 있더이다 하거늘
39. 제자들에게 명하사 그 모든 사람으로 떼를 지어 푸른 잔디 위에 앉게 하시니
40. 떼로 백 명씩 또는 오십 명씩 앉은지라
41. 예수께서 떡 다섯 개와 물고기 두 마리를 가지사 하늘을 우러러 축사하시고 떡을 떼어 제자들에게 주어 사람들에게 나누어 주게 하시고 또 물고기 두 마리도 모든 사람에게 나누시매
42. 다 배불리 먹고
43. 남은 떡 조각과 물고기를 열두 바구니에 차게 거두었으며
44. 떡을 먹은 남자는 오천 명이었더라
45. 예수께서 즉시 제자들을 재촉하사 자기가 무리를 보내는 동안에 배 타고 앞서 건너편 벳새다로 가게 하시고

33. 그들이 가는 것을 보고 많은 사람이 그들인 줄 안지라 모든 고을로부터
도보로 그 곳에 달려와 그들보다 먼저 갔더라
34. 예수께서 나오사 큰 무리를 보시고 그 목자 없는 양 같음으로 인하여 불
쌍히 여기사 이에 여러 가지로 가르치시더라
35. 때가 저물어가매 제자들이 예수께 나아와 여짜오되 이 곳은 빈 들이요
날도 저물어가니
36. 무리를 보내어 두루 촌과 마을로 가서 무엇을 사 먹게 하옵소서
37. 대답하여 이르시되 너희가 먹을 것을 주라 하시니 여짜오되 우리가 가
서 이백 데나리온의 떡을 사다 먹이리이까
38. 이르시되 너희에게 떡 몇 개나 있는지 가서 보라 하시니 알아보고 이르
되 떡 다섯 개와 물고기 두 마리가 있더이다 하거늘
39. 제자들에게 명하사 그 모든 사람으로 떼를 지어 푸른 잔디 위에 앉게 하
시니
40. 떼로 백 명씩 또는 오십 명씩 앉은지라
41. 예수께서 떡 다섯 개와 물고기 두 마리를 가지사 하늘을 우러러 축사하
시고 떡을 떼어 제자들에게 주어 사람들에게 나누어 주게 하시고 또 물
고기 두 마리도 모든 사람에게 나누시매
42. 다 배불리 먹고
43. 남은 떡 조각과 물고기를 열두 바구니에 차게 거두었으며
44. 떡을 먹은 남자는 오천 명이었더라
45. 예수께서 즉시 제자들을 재촉하사 자기가 무리를 보내는 동안에 배 타
고 앞서 건너편 벳새다로 가게 하시고

46. 무리를 작별하신 후에 기도하러 산으로 가시니라
47. 저물매 배는 바다 가운데 있고 예수께서는 홀로 뭍에 계시다가
48. 바람이 거스르므로 제자들이 힘겹게 노 젓는 것을 보시고 밤 사경쯤에 바다 위
로 걸어서 그들에게 오사 지나가려고 하시매
49. 제자들이 그가 바다 위로 걸어 오심을 보고 유령인가 하여 소리 지르니
50. 그들이 다 예수를 보고 놀람이라 이에 예수께서 곧 그들에게 말씀하여 이르시
되 안심하라 내니 두려워하지 말라 하시고
51. 배에 올라 그들에게 가시니 바람이 그치는지라 제자들이 마음에 심히 놀라니
52. 이는 그들이 그 떡 떼시던 일을 깨닫지 못하고 도리어 그 마음이 둔하여졌음이
러라
53. 건너가 게네사렛 땅에 이르러 대고
54. 배에서 내리니 사람들이 곧 예수신 줄을 알고
55. 그 온 지방으로 달려 돌아 다니며 예수께서 어디 계시다는 말을 듣는 대로 병든
자를 침상째로 메고 나아오니
56. 아무 데나 예수께서 들어가시는 지방이나 도시나 마을에서 병자를 시장에 두고
예수께 그의 옷 가에라도 손을 대게 하시기를 간구하니 손을 대는 자는 다 성함
을 얻으니라

마가복음 7장

1. 바리새인들과 또 서기관 중 몇이 예루살렘에서 와서 예수께 모여들었다가
2. 그의 제자 중 몇 사람이 부정한 손 곧 씻지 아니한 손으로 떡 먹는 것을 보았
더라

46. 무리를 작별하신 후에 기도하러 산으로 가시니라
47. 저물매 배는 바다 가운데 있고 예수께서는 홀로 뭍에 계시다가
48. 바람이 거스르므로 제자들이 힘겹게 노 젓는 것을 보시고 밤 사경쯤에 바다 위
로 걸어서 그들에게 오사 지나가려고 하시매
49. 제자들이 그가 바다 위로 걸어 오심을 보고 유령인가 하여 소리 지르니
50. 그들이 다 예수를 보고 놀람이라 이에 예수께서 곧 그들에게 말씀하여 이르시
되 안심하라 내니 두려워하지 말라 하시고
51. 배에 올라 그들에게 가시니 바람이 그치는지라 제자들이 마음에 심히 놀라니
52. 이는 그들이 그 떡 떼시던 일을 깨닫지 못하고 도리어 그 마음이 둔하여졌음이
러라
53. 건너가 게네사렛 땅에 이르러 대고
54. 배에서 내리니 사람들이 곧 예수신 줄을 알고
55. 그 온 지방으로 달려 돌아 다니며 예수께서 어디 계시다는 말을 듣는 대로 병든
자를 침상째로 메고 나아오니
56. 아무 데나 예수께서 들어가시는 지방이나 도시나 마을에서 병자를 시장에 두고
예수께 그의 옷 가에라도 손을 대게 하시기를 간구하니 손을 대는 자는 다 성함
을 얻으니라

마가복음 7장

1. 바리새인들과 또 서기관 중 몇이 예루살렘에서 와서 예수께 모여들었다가
2. 그의 제자 중 몇 사람이 부정한 손 곧 씻지 아니한 손으로 떡 먹는 것을 보았
더라

3. (바리새인들과 모든 유대인들은 장로들의 전통을 지키어 손을 잘 씻지 않고서는 음식을 먹지 아니하며
4. 또 시장에서 돌아와서도 물을 뿌리지 않고서는 먹지 아니하며 그 외에도 여러 가지를 지키어 오는 것이 있으니 잔과 주발과 놋그릇을 씻음이러라)
5. 이에 바리새인들과 서기관들이 예수께 묻되 어찌하여 당신의 제자들은 장로들의 전통을 준행하지 아니하고 부정한 손으로 떡을 먹나이까
6. 이르시되 이사야가 너희 외식하는 자에 대하여 잘 예언하였도다 기록하였으되 이 백성이 입술로는 나를 공경하되 마음은 내게서 멀도다
7. 사람의 계명으로 교훈을 삼아 가르치니 나를 헛되이 경배하는도다 하였느니라
8. 너희가 하나님의 계명은 버리고 사람의 전통을 지키느니라
9. 또 이르시되 너희가 너희 전통을 지키려고 하나님의 계명을 잘 저버리는도다
10. 모세는 네 부모를 공경하라 하고 또 아버지나 어머니를 모욕하는 자는 죽임을 당하리라 하였거늘
11. 너희는 이르되 사람이 아버지에게나 어머니에게나 말하기를 내가 드려 유익하게 할 것이 고르반 곧 하나님께 드림이 되었다고 하기만 하면 그만이라 하고
12. 자기 아버지나 어머니에게 다시 아무 것도 하여 드리기를 허락하지 아니하여
13. 너희가 전한 전통으로 하나님의 말씀을 폐하며 또 이같은 일을 많이 행

3. (바리새인들과 모든 유대인들은 장로들의 전통을 지키어 손을 잘 씻지 않고서는 음식을 먹지 아니하며
4. 또 시장에서 돌아와서도 물을 뿌리지 않고서는 먹지 아니하며 그 외에도 여러 가지를 지키어 오는 것이 있으니 잔과 주발과 놋그릇을 씻음이러라)
5. 이에 바리새인들과 서기관들이 예수께 묻되 어찌하여 당신의 제자들은 장로들의 전통을 준행하지 아니하고 부정한 손으로 떡을 먹나이까
6. 이르시되 이사야가 너희 외식하는 자에 대하여 잘 예언하였도다 기록하였으되 이 백성이 입술로는 나를 공경하되 마음은 내게서 멀도다
7. 사람의 계명으로 교훈을 삼아 가르치니 나를 헛되이 경배하는도다 하였느니라
8. 너희가 하나님의 계명은 버리고 사람의 전통을 지키느니라
9. 또 이르시되 너희가 너희 전통을 지키려고 하나님의 계명을 잘 저버리는도다
10. 모세는 네 부모를 공경하라 하고 또 아버지나 어머니를 모욕하는 자는 죽임을 당하리라 하였거늘
11. 너희는 이르되 사람이 아버지에게나 어머니에게나 말하기를 내가 드려 유익하게 할 것이 고르반 곧 하나님께 드림이 되었다고 하기만 하면 그만이라 하고
12. 자기 아버지나 어머니에게 다시 아무 것도 하여 드리기를 허락하지 아니하여
13. 너희가 전한 전통으로 하나님의 말씀을 폐하며 또 이같은 일을 많이 행

하느니라 하시고
14. 무리를 다시 불러 이르시되 너희는 다 내 말을 듣고 깨달으라
15. 무엇이든지 밖에서 사람에게로 들어가는 것은 능히 사람을 더럽게 하지 못하되
16. 사람 안에서 나오는 것이 사람을 더럽게 하는 것이니라 하시고
17. 무리를 떠나 집으로 들어가시니 제자들이 그 비유를 묻자온대
18. 예수께서 이르시되 너희도 이렇게 깨달음이 없느냐 무엇이든지 밖에서 들어가
는 것이 능히 사람을 더럽게 하지 못함을 알지 못하느냐
19. 이는 마음으로 들어가지 아니하고 배로 들어가 뒤로 나감이라 이러므로 모든
음식물을 깨끗하다 하시니라
20. 또 이르시되 사람에게서 나오는 그것이 사람을 더럽게 하느니라
21. 속에서 곧 사람의 마음에서 나오는 것은 악한 생각 곧 음란과 도둑질과 살인과
22. 간음과 탐욕과 악독과 속임과 음탕과 질투와 비방과 교만과 우매함이니
23. 이 모든 악한 것이 다 속에서 나와서 사람을 더럽게 하느니라
24. 예수께서 일어나사 거기를 떠나 두로 지방으로 가서 한 집에 들어가 아무도 모
르게 하시려 하나 숨길 수 없더라
25. 이에 더러운 귀신 들린 어린 딸을 둔 한 여자가 예수의 소문을 듣고 곧 와서 그
발 아래에 엎드리니
26. 그 여자는 헬라인이요 수로보니게 족속이라 자기 딸에게서 귀신 쫓아내 주시기
를 간구하거늘
27. 예수께서 이르시되 자녀로 먼저 배불리 먹게 할지니 자녀의 떡을 취하여 개들
에게 던짐이 마땅치 아니하니라
28. 여자가 대답하여 이르되 주여 옳소이다마는 상 아래 개들도 아이들이 먹던 부

하느니라 하시고
14. 무리를 다시 불러 이르시되 너희는 다 내 말을 듣고 깨달으라
15. 무엇이든지 밖에서 사람에게로 들어가는 것은 능히 사람을 더럽게 하지 못하되
16. 사람 안에서 나오는 것이 사람을 더럽게 하는 것이니라 하시고
17. 무리를 떠나 집으로 들어가시니 제자들이 그 비유를 묻자온대
18. 예수께서 이르시되 너희도 이렇게 깨달음이 없느냐 무엇이든지 밖에서 들어가
는 것이 능히 사람을 더럽게 하지 못함을 알지 못하느냐
19. 이는 마음으로 들어가지 아니하고 배로 들어가 뒤로 나감이라 이러므로 모든
음식물을 깨끗하다 하시니라
20. 또 이르시되 사람에게서 나오는 그것이 사람을 더럽게 하느니라
21. 속에서 곧 사람의 마음에서 나오는 것은 악한 생각 곧 음란과 도둑질과 살인과
22. 간음과 탐욕과 악독과 속임과 음탕과 질투와 비방과 교만과 우매함이니
23. 이 모든 악한 것이 다 속에서 나와서 사람을 더럽게 하느니라
24. 예수께서 일어나사 거기를 떠나 두로 지방으로 가서 한 집에 들어가 아무도 모
르게 하시려 하나 숨길 수 없더라
25. 이에 더러운 귀신 들린 어린 딸을 둔 한 여자가 예수의 소문을 듣고 곧 와서 그
발 아래에 엎드리니
26. 그 여자는 헬라인이요 수로보니게 족속이라 자기 딸에게서 귀신 쫓아내 주시기
를 간구하거늘
27. 예수께서 이르시되 자녀로 먼저 배불리 먹게 할지니 자녀의 떡을 취하여 개들
에게 던짐이 마땅치 아니하니라
28. 여자가 대답하여 이르되 주여 옳소이다마는 상 아래 개들도 아이들이 먹던 부

스러기를 먹나이다
29. 예수께서 이르시되 이 말을 하였으니 돌아가라 귀신이 네 딸에게서 나
갔느니라 하시매
30. 여자가 집에 돌아가 본즉 아이가 침상에 누웠고 귀신이 나갔더라
31. 예수께서 다시 두로 지방에서 나와 시돈을 지나고 데가볼리 지방을 통
과하여 갈릴리 호수에 이르시매
32. 사람들이 귀 먹고 말 더듬는 자를 데리고 예수께 나아와 안수하여 주시
기를 간구하거늘
33. 예수께서 그 사람을 따로 데리고 무리를 떠나사 손가락을 그의 양 귀에
넣고 침을 뱉어 그의 혀에 손을 대시며
34. 하늘을 우러러 탄식하시며 그에게 이르시되 에바다 하시니 이는 열리라
는 뜻이라
35. 그의 귀가 열리고 혀가 맺힌 것이 곧 풀려 말이 분명하여졌더라
36. 예수께서 그들에게 경고하사 아무에게도 이르지 말라 하시되 경고하실
수록 그들이 더욱 널리 전파하니
37. 사람들이 심히 놀라 이르되 그가 모든 것을 잘하였도다 못 듣는 사람도
듣게 하고 말 못하는 사람도 말하게 한다 하니라

마가복음 8장

1. 그 무렵에 또 큰 무리가 있어 먹을 것이 없는지라 예수께서 제자들을 불
러 이르시되
2. 내가 무리를 불쌍히 여기노라 그들이 나와 함께 있은 지 이미 사흘이 지

스러기를 먹나이다
29. 예수께서 이르시되 이 말을 하였으니 돌아가라 귀신이 네 딸에게서 나
갔느니라 하시매
30. 여자가 집에 돌아가 본즉 아이가 침상에 누웠고 귀신이 나갔더라
31. 예수께서 다시 두로 지방에서 나와 시돈을 지나고 데가볼리 지방을 통
과하여 갈릴리 호수에 이르시매
32. 사람들이 귀 먹고 말 더듬는 자를 데리고 예수께 나아와 안수하여 주시
기를 간구하거늘
33. 예수께서 그 사람을 따로 데리고 무리를 떠나사 손가락을 그의 양 귀에
넣고 침을 뱉어 그의 혀에 손을 대시며
34. 하늘을 우러러 탄식하시며 그에게 이르시되 에바다 하시니 이는 열리라
는 뜻이라
35. 그의 귀가 열리고 혀가 맺힌 것이 곧 풀려 말이 분명하여졌더라
36. 예수께서 그들에게 경고하사 아무에게도 이르지 말라 하시되 경고하실
수록 그들이 더욱 널리 전파하니
37. 사람들이 심히 놀라 이르되 그가 모든 것을 잘하였도다 못 듣는 사람도
듣게 하고 말 못하는 사람도 말하게 한다 하니라

마가복음 8장

1. 그 무렵에 또 큰 무리가 있어 먹을 것이 없는지라 예수께서 제자들을 불
러 이르시되
2. 내가 무리를 불쌍히 여기노라 그들이 나와 함께 있은 지 이미 사흘이 지

났으나 먹을 것이 없도다
3. 만일 내가 그들을 굶겨 집으로 보내면 길에서 기진하리라 그 중에는 멀리서 온 사람들도 있느니라
4. 제자들이 대답하되 이 광야 어디서 떡을 얻어 이 사람들로 배부르게 할 수 있으리이까
5. 예수께서 물으시되 너희에게 떡 몇 개나 있느냐 이르되 일곱이로소이다 하거늘
6. 예수께서 무리를 명하여 땅에 앉게 하시고 떡 일곱 개를 가지사 축사하시고 떼어 제자들에게 주어 나누어 주게 하시니 제자들이 무리에게 나누어 주더라
7. 또 작은 생선 두어 마리가 있는지라 이에 축복하시고 명하사 이것도 나누어 주게 하시니
8. 배불리 먹고 남은 조각 일곱 광주리를 거두었으며
9. 사람은 약 사천 명이었더라 예수께서 그들을 흩어 보내시고
10. 곧 제자들과 함께 배에 오르사 달마누다 지방으로 가시니라
11. 바리새인들이 나와서 예수를 힐난하며 그를 시험하여 하늘로부터 오는 표적을 구하거늘
12. 예수께서 마음속으로 깊이 탄식하시며 이르시되 어찌하여 이 세대가 표적을 구하느냐 내가 진실로 너희에게 이르노니 이 세대에 표적을 주지 아니하리라 하시고
13. 그들을 떠나 다시 배에 올라 건너편으로 가시니라
14. 제자들이 떡 가져오기를 잊었으매 배에 떡 한 개밖에 그들에게 없더라
15. 예수께서 경고하여 이르시되 삼가 바리새인들의 누룩과 헤롯의 누룩을 주의하라 하시니

났으나 먹을 것이 없도다
3. 만일 내가 그들을 굶겨 집으로 보내면 길에서 기진하리라 그 중에는 멀리서 온 사람들도 있느니라
4. 제자들이 대답하되 이 광야 어디서 떡을 얻어 이 사람들로 배부르게 할 수 있으리이까
5. 예수께서 물으시되 너희에게 떡 몇 개나 있느냐 이르되 일곱이로소이다 하거늘
6. 예수께서 무리를 명하여 땅에 앉게 하시고 떡 일곱 개를 가지사 축사하시고 떼어 제자들에게 주어 나누어 주게 하시니 제자들이 무리에게 나누어 주더라
7. 또 작은 생선 두어 마리가 있는지라 이에 축복하시고 명하사 이것도 나누어 주게 하시니
8. 배불리 먹고 남은 조각 일곱 광주리를 거두었으며
9. 사람은 약 사천 명이었더라 예수께서 그들을 흩어 보내시고
10. 곧 제자들과 함께 배에 오르사 달마누다 지방으로 가시니라
11. 바리새인들이 나와서 예수를 힐난하며 그를 시험하여 하늘로부터 오는 표적을 구하거늘
12. 예수께서 마음속으로 깊이 탄식하시며 이르시되 어찌하여 이 세대가 표적을 구하느냐 내가 진실로 너희에게 이르노니 이 세대에 표적을 주지 아니하리라 하시고
13. 그들을 떠나 다시 배에 올라 건너편으로 가시니라
14. 제자들이 떡 가져오기를 잊었으매 배에 떡 한 개밖에 그들에게 없더라
15. 예수께서 경고하여 이르시되 삼가 바리새인들의 누룩과 헤롯의 누룩을 주의하라 하시니

16. 제자들이 서로 수군거리기를 이는 우리에게 떡이 없음이로다 하거늘
17. 예수께서 아시고 이르시되 너희가 어찌 떡이 없음으로 수군거리느냐 아
직도 알지 못하며 깨닫지 못하느냐 너희 마음이 둔하냐
18. 너희가 눈이 있어도 보지 못하며 귀가 있어도 듣지 못하느냐 또 기억하
지 못하느냐
19. 내가 떡 다섯 개를 오천 명에게 떼어 줄 때에 조각 몇 바구니를 거두었
더냐 이르되 열둘이니이다
20. 또 일곱 개를 사천 명에게 떼어 줄 때에 조각 몇 광주리를 거두었더냐
이르되 일곱이니이다
21. 이르시되 아직도 깨닫지 못하느냐 하시니라
22. 벳새다에 이르매 사람들이 맹인 한 사람을 데리고 예수께 나아와 손 대
시기를 구하거늘
23. 예수께서 맹인의 손을 붙잡으시고 마을 밖으로 데리고 나가사 눈에 침
을 뱉으시며 그에게 안수하시고 무엇이 보이느냐 물으시니
24. 쳐다보며 이르되 사람들이 보이나이다 나무 같은 것들이 걸어 가는 것
을 보나이다 하거늘
25. 이에 그 눈에 다시 안수하시매 그가 주목하여 보더니 나아서 모든 것을
밝히 보는지라
26. 예수께서 그 사람을 집으로 보내시며 이르시되 마을에는 들어가지 말라
하시니라
27. 예수와 제자들이 빌립보 가이사랴 여러 마을로 나가실새 길에서 제자들
에게 물어 이르시되 사람들이 나를 누구라고 하느냐

16. 제자들이 서로 수군거리기를 이는 우리에게 떡이 없음이로다 하거늘
17. 예수께서 아시고 이르시되 너희가 어찌 떡이 없음으로 수군거리느냐 아
직도 알지 못하며 깨닫지 못하느냐 너희 마음이 둔하냐
18. 너희가 눈이 있어도 보지 못하며 귀가 있어도 듣지 못하느냐 또 기억하
지 못하느냐
19. 내가 떡 다섯 개를 오천 명에게 떼어 줄 때에 조각 몇 바구니를 거두었
더냐 이르되 열둘이니이다
20. 또 일곱 개를 사천 명에게 떼어 줄 때에 조각 몇 광주리를 거두었더냐
이르되 일곱이니이다
21. 이르시되 아직도 깨닫지 못하느냐 하시니라
22. 벳새다에 이르매 사람들이 맹인 한 사람을 데리고 예수께 나아와 손 대
시기를 구하거늘
23. 예수께서 맹인의 손을 붙잡으시고 마을 밖으로 데리고 나가사 눈에 침
을 뱉으시며 그에게 안수하시고 무엇이 보이느냐 물으시니
24. 쳐다보며 이르되 사람들이 보이나이다 나무 같은 것들이 걸어 가는 것
을 보나이다 하거늘
25. 이에 그 눈에 다시 안수하시매 그가 주목하여 보더니 나아서 모든 것을
밝히 보는지라
26. 예수께서 그 사람을 집으로 보내시며 이르시되 마을에는 들어가지 말라
하시니라
27. 예수와 제자들이 빌립보 가이사랴 여러 마을로 나가실새 길에서 제자들
에게 물어 이르시되 사람들이 나를 누구라고 하느냐

28. 제자들이 여짜와 이르되 세례 요한이라 하고 더러는 엘리야, 더러는 선지자 중의 하나라 하나이다
29. 또 물으시되 너희는 나를 누구라 하느냐 베드로가 대답하여 이르되 주는 그리스도시니이다 하매
30. 이에 자기의 일을 아무에게도 말하지 말라 경고하시고
31. 인자가 많은 고난을 받고 장로들과 대제사장들과 서기관들에게 버린 바 되어 죽임을 당하고 사흘 만에 살아나야 할 것을 비로소 그들에게 가르치시되
32. 드러내 놓고 이 말씀을 하시니 베드로가 예수를 붙들고 항변하매
33. 예수께서 돌이키사 제자들을 보시며 베드로를 꾸짖어 이르시되 사탄아 내 뒤로 물러가라 네가 하나님의 일을 생각하지 아니하고 도리어 사람의 일을 생각하는도다 하시고
34. 무리와 제자들을 불러 이르시되 누구든지 나를 따라오려거든 자기를 부인하고 자기 십자가를 지고 나를 따를 것이니라
35. 누구든지 자기 목숨을 구원하고자 하면 잃을 것이요 누구든지 나와 복음을 위하여 자기 목숨을 잃으면 구원하리라
36. 사람이 만일 온 천하를 얻고도 자기 목숨을 잃으면 무엇이 유익하리요
37. 사람이 무엇을 주고 자기 목숨과 바꾸겠느냐
38. 누구든지 이 음란하고 죄 많은 세대에서 나와 내 말을 부끄러워하면 인자도 아버지의 영광으로 거룩한 천사들과 함께 올 때에 그 사람을 부끄러워하리라

마가복음 9장

1. 또 그들에게 이르시되 내가 진실로 너희에게 이르노니 여기 서 있는 사람 중에

28. 제자들이 여짜와 이르되 세례 요한이라 하고 더러는 엘리야, 더러는 선지자 중의 하나라 하나이다
29. 또 물으시되 너희는 나를 누구라 하느냐 베드로가 대답하여 이르되 주는 그리스도시니이다 하매
30. 이에 자기의 일을 아무에게도 말하지 말라 경고하시고
31. 인자가 많은 고난을 받고 장로들과 대제사장들과 서기관들에게 버린 바 되어 죽임을 당하고 사흘 만에 살아나야 할 것을 비로소 그들에게 가르치시되
32. 드러내 놓고 이 말씀을 하시니 베드로가 예수를 붙들고 항변하매
33. 예수께서 돌이키사 제자들을 보시며 베드로를 꾸짖어 이르시되 사탄아 내 뒤로 물러가라 네가 하나님의 일을 생각하지 아니하고 도리어 사람의 일을 생각하는도다 하시고
34. 무리와 제자들을 불러 이르시되 누구든지 나를 따라오려거든 자기를 부인하고 자기 십자가를 지고 나를 따를 것이니라
35. 누구든지 자기 목숨을 구원하고자 하면 잃을 것이요 누구든지 나와 복음을 위하여 자기 목숨을 잃으면 구원하리라
36. 사람이 만일 온 천하를 얻고도 자기 목숨을 잃으면 무엇이 유익하리요
37. 사람이 무엇을 주고 자기 목숨과 바꾸겠느냐
38. 누구든지 이 음란하고 죄 많은 세대에서 나와 내 말을 부끄러워하면 인자도 아버지의 영광으로 거룩한 천사들과 함께 올 때에 그 사람을 부끄러워하리라

마가복음 9장

1. 또 그들에게 이르시되 내가 진실로 너희에게 이르노니 여기 서 있는 사람 중에

는 죽기 전에 하나님의 나라가 권능으로 임하는 것을 볼 자들도 있느니라 하시니라
2. 엿새 후에 예수께서 베드로와 야고보와 요한을 데리시고 따로 높은 산에 올라가셨더니 그들 앞에서 변형되사
3. 그 옷이 광채가 나며 세상에서 빨래하는 자가 그렇게 희게 할 수 없을 만큼 매우 희어졌더라
4. 이에 엘리야가 모세와 함께 그들에게 나타나 예수와 더불어 말하거늘
5. 베드로가 예수께 고하되 랍비여 우리가 여기 있는 것이 좋사오니 우리가 초막 셋을 짓되 하나는 주를 위하여, 하나는 모세를 위하여, 하나는 엘리야를 위하여 하사이다 하니
6. 이는 그들이 몹시 무서워하므로 그가 무슨 말을 할지 알지 못함이더라
7. 마침 구름이 와서 그들을 덮으며 구름 속에서 소리가 나되 이는 내 사랑하는 아들이니 너희는 그의 말을 들으라 하는지라
8. 문득 둘러보니 아무도 보이지 아니하고 오직 예수와 자기들뿐이었더라
9. 그들이 산에서 내려올 때에 예수께서 경고하시되 인자가 죽은 자 가운데서 살아날 때까지는 본 것을 아무에게도 이르지 말라 하시니
10. 그들이 이 말씀을 마음에 두며 서로 문의하되 죽은 자 가운데서 살아나는 것이 무엇일까 하고
11. 이에 예수께 묻자와 이르되 어찌하여 서기관들이 엘리야가 먼저 와야 하리라 하나이까
12. 이르시되 엘리야가 과연 먼저 와서 모든 것을 회복하거니와 어찌 인자에 대하여 기록하기를 많은 고난을 받고 멸시를 당하리라 하였느냐

는 죽기 전에 하나님의 나라가 권능으로 임하는 것을 볼 자들도 있느니라 하시니라
2. 엿새 후에 예수께서 베드로와 야고보와 요한을 데리시고 따로 높은 산에 올라가셨더니 그들 앞에서 변형되사
3. 그 옷이 광채가 나며 세상에서 빨래하는 자가 그렇게 희게 할 수 없을 만큼 매우 희어졌더라
4. 이에 엘리야가 모세와 함께 그들에게 나타나 예수와 더불어 말하거늘
5. 베드로가 예수께 고하되 랍비여 우리가 여기 있는 것이 좋사오니 우리가 초막 셋을 짓되 하나는 주를 위하여, 하나는 모세를 위하여, 하나는 엘리야를 위하여 하사이다 하니
6. 이는 그들이 몹시 무서워하므로 그가 무슨 말을 할지 알지 못함이더라
7. 마침 구름이 와서 그들을 덮으며 구름 속에서 소리가 나되 이는 내 사랑하는 아들이니 너희는 그의 말을 들으라 하는지라
8. 문득 둘러보니 아무도 보이지 아니하고 오직 예수와 자기들뿐이었더라
9. 그들이 산에서 내려올 때에 예수께서 경고하시되 인자가 죽은 자 가운데서 살아날 때까지는 본 것을 아무에게도 이르지 말라 하시니
10. 그들이 이 말씀을 마음에 두며 서로 문의하되 죽은 자 가운데서 살아나는 것이 무엇일까 하고
11. 이에 예수께 묻자와 이르되 어찌하여 서기관들이 엘리야가 먼저 와야 하리라 하나이까
12. 이르시되 엘리야가 과연 먼저 와서 모든 것을 회복하거니와 어찌 인자에 대하여 기록하기를 많은 고난을 받고 멸시를 당하리라 하였느냐

13. 그러나 내가 너희에게 이르노니 엘리야가 왔으되 기록된 바와 같이 사람들이 함부로 대우하였느니라 하시니라
14. 이에 그들이 제자들에게 와서 보니 큰 무리가 그들을 둘러싸고 서기관들이 그들과 더불어 변론하고 있더라
15. 온 무리가 곧 예수를 보고 매우 놀라며 달려와 문안하거늘
16. 예수께서 물으시되 너희가 무엇을 그들과 변론하느냐
17. 무리 중의 하나가 대답하되 선생님 말 못하게 귀신 들린 내 아들을 선생님께 데려왔나이다
18. 귀신이 어디서든지 그를 잡으면 거꾸러져 거품을 흘리며 이를 갈며 그리고 파리해지는지라 내가 선생님의 제자들에게 내쫓아 달라 하였으나 그들이 능히 하지 못하더이다
19. 대답하여 이르시되 믿음이 없는 세대여 내가 얼마나 너희와 함께 있으며 얼마나 너희에게 참으리요 그를 내게로 데려오라 하시매
20. 이에 데리고 오니 귀신이 예수를 보고 곧 그 아이로 심히 경련을 일으키게 하는지라 그가 땅에 엎드러져 구르며 거품을 흘리더라
21. 예수께서 그 아버지에게 물으시되 언제부터 이렇게 되었느냐 하시니 이르되 어릴 때부터니이다
22. 귀신이 그를 죽이려고 불과 물에 자주 던졌나이다 그러나 무엇을 하실 수 있거든 우리를 불쌍히 여기사 도와 주옵소서
23. 예수께서 이르시되 할 수 있거든이 무슨 말이냐 믿는 자에게는 능히 하지 못할 일이 없느니라 하시니
24. 곧 그 아이의 아버지가 소리를 질러 이르되 내가 믿나이다 나의 믿음 없는 것을

13. 그러나 내가 너희에게 이르노니 엘리야가 왔으되 기록된 바와 같이 사람들이
함부로 대우하였느니라 하시니라
14. 이에 그들이 제자들에게 와서 보니 큰 무리가 그들을 둘러싸고 서기관들이 그
들과 더불어 변론하고 있더라
15. 온 무리가 곧 예수를 보고 매우 놀라며 달려와 문안하거늘
16. 예수께서 물으시되 너희가 무엇을 그들과 변론하느냐
17. 무리 중의 하나가 대답하되 선생님 말 못하게 귀신 들린 내 아들을 선생님께 데
려왔나이다
18. 귀신이 어디서든지 그를 잡으면 거꾸러져 거품을 흘리며 이를 갈며 그리고 파
리해지는지라 내가 선생님의 제자들에게 내쫓아 달라 하였으나 그들이 능히 하
지 못하더이다
19. 대답하여 이르시되 믿음이 없는 세대여 내가 얼마나 너희와 함께 있으며 얼마
나 너희에게 참으리요 그를 내게로 데려오라 하시매
20. 이에 데리고 오니 귀신이 예수를 보고 곧 그 아이로 심히 경련을 일으키게 하는
지라 그가 땅에 엎드러져 구르며 거품을 흘리더라
21. 예수께서 그 아버지에게 물으시되 언제부터 이렇게 되었느냐 하시니 이르되 어
릴 때부터니이다
22. 귀신이 그를 죽이려고 불과 물에 자주 던졌나이다 그러나 무엇을 하실 수 있거
든 우리를 불쌍히 여기사 도와 주옵소서
23. 예수께서 이르시되 할 수 있거든이 무슨 말이냐 믿는 자에게는 능히 하지 못할
일이 없느니라 하시니
24. 곧 그 아이의 아버지가 소리를 질러 이르되 내가 믿나이다 나의 믿음 없는 것을

도와 주소서 하더라
25. 예수께서 무리가 달려와 모이는 것을 보시고 그 더러운 귀신을 꾸짖어
이르시되 말 못하고 못 듣는 귀신아 내가 네게 명하노니 그 아이에게서
나오고 다시 들어가지 말라 하시매
26. 귀신이 소리 지르며 아이로 심히 경련을 일으키게 하고 나가니 그 아이
가 죽은 것 같이 되어 많은 사람이 말하기를 죽었다 하나
27. 예수께서 그 손을 잡아 일으키시니 이에 일어서니라
28. 집에 들어가시매 제자들이 조용히 묻자오되 우리는 어찌하여 능히 그
귀신을 쫓아내지 못하였나이까
29. 이르시되 기도 외에 다른 것으로는 이런 종류가 나갈 수 없느니라 하시
니라
30. 그 곳을 떠나 갈릴리 가운데로 지날새 예수께서 아무에게도 알리고자
아니하시니
31. 이는 제자들을 가르치시며 또 인자가 사람들의 손에 넘겨져 죽임을 당
하고 죽은 지 삼 일만에 살아나리라는 것을 말씀하셨기 때문이더라
32. 그러나 제자들은 이 말씀을 깨닫지 못하고 묻기도 두려워하더라
33. 가버나움에 이르러 집에 계실새 제자들에게 물으시되 너희가 길에서 서
로 토론한 것이 무엇이냐 하시되
34. 그들이 잠잠하니 이는 길에서 서로 누가 크냐 하고 쟁론하였음이라
35. 예수께서 앉으사 열두 제자를 불러서 이르시되 누구든지 첫째가 되고
자 하면 뭇 사람의 끝이 되며 뭇 사람을 섬기는 자가 되어야 하리라 하
시고

도와 주소서 하더라
25. 예수께서 무리가 달려와 모이는 것을 보시고 그 더러운 귀신을 꾸짖어
이르시되 말 못하고 못 듣는 귀신아 내가 네게 명하노니 그 아이에게서
나오고 다시 들어가지 말라 하시매
26. 귀신이 소리 지르며 아이로 심히 경련을 일으키게 하고 나가니 그 아이
가 죽은 것 같이 되어 많은 사람이 말하기를 죽었다 하나
27. 예수께서 그 손을 잡아 일으키시니 이에 일어서니라
28. 집에 들어가시매 제자들이 조용히 묻자오되 우리는 어찌하여 능히 그
귀신을 쫓아내지 못하였나이까
29. 이르시되 기도 외에 다른 것으로는 이런 종류가 나갈 수 없느니라 하시
니라
30. 그 곳을 떠나 갈릴리 가운데로 지날새 예수께서 아무에게도 알리고자
아니하시니
31. 이는 제자들을 가르치시며 또 인자가 사람들의 손에 넘겨져 죽임을 당
하고 죽은 지 삼 일만에 살아나리라는 것을 말씀하셨기 때문이더라
32. 그러나 제자들은 이 말씀을 깨닫지 못하고 묻기도 두려워하더라
33. 가버나움에 이르러 집에 계실새 제자들에게 물으시되 너희가 길에서 서
로 토론한 것이 무엇이냐 하시되
34. 그들이 잠잠하니 이는 길에서 서로 누가 크냐 하고 쟁론하였음이라
35. 예수께서 앉으사 열두 제자를 불러서 이르시되 누구든지 첫째가 되고
자 하면 뭇 사람의 끝이 되며 뭇 사람을 섬기는 자가 되어야 하리라 하
시고

36. 어린 아이 하나를 데려다가 그들 가운데 세우시고 안으시며 제자들에게 이르시되
37. 누구든지 내 이름으로 이런 어린 아이 하나를 영접하면 곧 나를 영접함이요 누구든지 나를 영접하면 나를 영접함이 아니요 나를 보내신 이를 영접함이니라
38. 요한이 예수께 여짜오되 선생님 우리를 따르지 않는 어떤 자가 주의 이름으로 귀신을 내쫓는 것을 우리가 보고 우리를 따르지 아니하므로 금하였나이다
39. 예수께서 이르시되 금하지 말라 내 이름을 의탁하여 능한 일을 행하고 즉시로 나를 비방할 자가 없느니라
40. 우리를 반대하지 않는 자는 우리를 위하는 자니라
41. 누구든지 너희가 그리스도에게 속한 자라 하여 물 한 그릇이라도 주면 내가 진실로 너희에게 이르노니 그가 결코 상을 잃지 않으리라
42. 또 누구든지 나를 믿는 이 작은 자들 중 하나라도 실족하게 하면 차라리 연자맷돌이 그 목에 매여 바다에 던져지는 것이 나으리라
43. 만일 네 손이 너를 범죄하게 하거든 찍어버리라 장애인으로 영생에 들어가는 것이 두 손을 가지고 지옥 곧 꺼지지 않는 불에 들어가는 것보다 나으니라
44. (없음)
45. 만일 네 발이 너를 범죄하게 하거든 찍어버리라 다리 저는 자로 영생에 들어가는 것이 두 발을 가지고 지옥에 던져지는 것보다 나으니라
46. (없음)
47. 만일 네 눈이 너를 범죄하게 하거든 빼버리라 한 눈으로 하나님의 나라에 들어가는 것이 두 눈을 가지고 지옥에 던져지는 것보다 나으니라
48. 거기에서는 구더기도 죽지 않고 불도 꺼지지 아니하느니라

36. 어린 아이 하나를 데려다가 그들 가운데 세우시고 안으시며 제자들에게 이르시되
37. 누구든지 내 이름으로 이런 어린 아이 하나를 영접하면 곧 나를 영접함이요 누구든지 나를 영접하면 나를 영접함이 아니요 나를 보내신 이를 영접함이니라
38. 요한이 예수께 여짜오되 선생님 우리를 따르지 않는 어떤 자가 주의 이름으로 귀신을 내쫓는 것을 우리가 보고 우리를 따르지 아니하므로 금하였나이다
39. 예수께서 이르시되 금하지 말라 내 이름을 의탁하여 능한 일을 행하고 즉시로 나를 비방할 자가 없느니라
40. 우리를 반대하지 않는 자는 우리를 위하는 자니라
41. 누구든지 너희가 그리스도에게 속한 자라 하여 물 한 그릇이라도 주면 내가 진실로 너희에게 이르노니 그가 결코 상을 잃지 않으리라
42. 또 누구든지 나를 믿는 이 작은 자들 중 하나라도 실족하게 하면 차라리 연자맷돌이 그 목에 매여 바다에 던져지는 것이 나으리라
43. 만일 네 손이 너를 범죄하게 하거든 찍어버리라 장애인으로 영생에 들어가는 것이 두 손을 가지고 지옥 곧 꺼지지 않는 불에 들어가는 것보다 나으니라
44. (없음)
45. 만일 네 발이 너를 범죄하게 하거든 찍어버리라 다리 저는 자로 영생에 들어가는 것이 두 발을 가지고 지옥에 던져지는 것보다 나으니라
46. (없음)
47. 만일 네 눈이 너를 범죄하게 하거든 빼버리라 한 눈으로 하나님의 나라에 들어가는 것이 두 눈을 가지고 지옥에 던져지는 것보다 나으니라
48. 거기에서는 구더기도 죽지 않고 불도 꺼지지 아니하느니라

49. 사람마다 불로써 소금 치듯 함을 받으리라
50. 소금은 좋은 것이로되 만일 소금이 그 맛을 잃으면 무엇으로 이를 짜게
하리요 너희 속에 소금을 두고 서로 화목하라 하시니라

마가복음 10장
1. 예수께서 거기서 떠나 유대 지경과 요단 강 건너편으로 가시니 무리가
다시 모여들거늘 예수께서 다시 전례대로 가르치시더니
2. 바리새인들이 예수께 나아와 그를 시험하여 묻되 사람이 아내를 버리는
것이 옳으니이까
3. 대답하여 이르시되 모세가 어떻게 너희에게 명하였느냐
4. 이르되 모세는 이혼 증서를 써주어 버리기를 허락하였나이다
5. 예수께서 그들에게 이르시되 너희 마음이 완악함으로 말미암아 이 명령
을 기록하였거니와
6. 창조 때로부터 사람을 남자와 여자로 지으셨으니
7. 이러므로 사람이 그 부모를 떠나서
8. 그 둘이 한 몸이 될지니라 이러한즉 이제 둘이 아니요 한 몸이니
9. 그러므로 하나님이 짝지어 주신 것을 사람이 나누지 못할지니라 하시
더라
10. 집에서 제자들이 다시 이 일을 물으니
11. 이르시되 누구든지 그 아내를 버리고 다른 데에 장가 드는 자는 본처에
게 간음을 행함이요
12. 또 아내가 남편을 버리고 다른 데로 시집 가면 간음을 행함이니라

49. 사람마다 불로써 소금 치듯 함을 받으리라
50. 소금은 좋은 것이로되 만일 소금이 그 맛을 잃으면 무엇으로 이를 짜게
하리요 너희 속에 소금을 두고 서로 화목하라 하시니라

마가복음 10장

1. 예수께서 거기서 떠나 유대 지경과 요단 강 건너편으로 가시니 무리가
다시 모여들거늘 예수께서 다시 전례대로 가르치시더니
2. 바리새인들이 예수께 나아와 그를 시험하여 묻되 사람이 아내를 버리는
것이 옳으니이까
3. 대답하여 이르시되 모세가 어떻게 너희에게 명하였느냐
4. 이르되 모세는 이혼 증서를 써주어 버리기를 허락하였나이다
5. 예수께서 그들에게 이르시되 너희 마음이 완악함으로 말미암아 이 명령
을 기록하였거니와
6. 창조 때로부터 사람을 남자와 여자로 지으셨으니
7. 이러므로 사람이 그 부모를 떠나서
8. 그 둘이 한 몸이 될지니라 이러한즉 이제 둘이 아니요 한 몸이니
9. 그러므로 하나님이 짝지어 주신 것을 사람이 나누지 못할지니라 하시
더라
10. 집에서 제자들이 다시 이 일을 물으니
11. 이르시되 누구든지 그 아내를 버리고 다른 데에 장가 드는 자는 본처에
게 간음을 행함이요
12. 또 아내가 남편을 버리고 다른 데로 시집 가면 간음을 행함이니라

13. 사람들이 예수께서 만져 주심을 바라고 어린 아이들을 데리고 오매 제자들이 꾸짖거늘
14. 예수께서 보시고 노하시어 이르시되 어린 아이들이 내게 오는 것을 용납하고 금하지 말라 하나님의 나라가 이런 자의 것이니라
15. 내가 진실로 너희에게 이르노니 누구든지 하나님의 나라를 어린 아이와 같이 받들지 않는 자는 결단코 그 곳에 들어가지 못하리라 하시고
16. 그 어린 아이들을 안고 그들 위에 안수하시고 축복하시니라
17. 예수께서 길에 나가실새 한 사람이 달려와서 꿇어 앉아 묻자오되 선한 선생님이여 내가 무엇을 하여야 영생을 얻으리이까
18. 예수께서 이르시되 네가 어찌하여 나를 선하다 일컫느냐 하나님 한 분 외에는 선한 이가 없느니라
19. 네가 계명을 아나니 살인하지 말라, 간음하지 말라, 도둑질하지 말라, 거짓 증언하지 말라, 속여 빼앗지 말라, 네 부모를 공경하라 하였느니라
20. 그가 여짜오되 선생님이여 이것은 내가 어려서부터 다 지켰나이다
21. 예수께서 그를 보시고 사랑하사 이르시되 네게 아직도 한 가지 부족한 것이 있으니 가서 네게 있는 것을 다 팔아 가난한 자들에게 주라 그리하면 하늘에서 보화가 네게 있으리라 그리고 와서 나를 따르라 하시니
22. 그 사람은 재물이 많은 고로 이 말씀으로 인하여 슬픈 기색을 띠고 근심하며 가니라
23. 예수께서 둘러 보시고 제자들에게 이르시되 재물이 있는 자는 하나님의 나라에 들어가기가 심히 어렵도다 하시니
24. 제자들이 그 말씀에 놀라는지라 예수께서 다시 대답하여 이르시되 얘들아 하나

13. 사람들이 예수께서 만져 주심을 바라고 어린 아이들을 데리고 오매 제자들이 꾸짖거늘
14. 예수께서 보시고 노하시어 이르시되 어린 아이들이 내게 오는 것을 용납하고 금하지 말라 하나님의 나라가 이런 자의 것이니라
15. 내가 진실로 너희에게 이르노니 누구든지 하나님의 나라를 어린 아이와 같이 받들지 않는 자는 결단코 그 곳에 들어가지 못하리라 하시고
16. 그 어린 아이들을 안고 그들 위에 안수하시고 축복하시니라
17. 예수께서 길에 나가실새 한 사람이 달려와서 꿇어 앉아 묻자오되 선한 선생님이여 내가 무엇을 하여야 영생을 얻으리이까
18. 예수께서 이르시되 네가 어찌하여 나를 선하다 일컫느냐 하나님 한 분 외에는 선한 이가 없느니라
19. 네가 계명을 아나니 살인하지 말라, 간음하지 말라, 도둑질하지 말라, 거짓 증언 하지 말라, 속여 빼앗지 말라, 네 부모를 공경하라 하였느니라
20. 그가 여짜오되 선생님이여 이것은 내가 어려서부터 다 지켰나이다
21. 예수께서 그를 보시고 사랑하사 이르시되 네게 아직도 한 가지 부족한 것이 있으니 가서 네게 있는 것을 다 팔아 가난한 자들에게 주라 그리하면 하늘에서 보화가 네게 있으리라 그리고 와서 나를 따르라 하시니
22. 그 사람은 재물이 많은 고로 이 말씀으로 인하여 슬픈 기색을 띠고 근심하며 가니라
23. 예수께서 둘러 보시고 제자들에게 이르시되 재물이 있는 자는 하나님의 나라에 들어가기가 심히 어렵도다 하시니
24. 제자들이 그 말씀에 놀라는지라 예수께서 다시 대답하여 이르시되 얘들아 하나

님의 나라에 들어가기가 얼마나 어려운지
25. 낙타가 바늘귀로 나가는 것이 부자가 하나님의 나라에 들어가는 것보다
쉬우니라 하시니
26. 제자들이 매우 놀라 서로 말하되 그런즉 누가 구원을 얻을 수 있는가
하니
27. 예수께서 그들을 보시며 이르시되 사람으로는 할 수 없으되 하나님으로
는 그렇지 아니하니 하나님으로서는 다 하실 수 있느니라
28. 베드로가 여짜와 이르되 보소서 우리가 모든 것을 버리고 주를 따랐나
이다
29. 예수께서 이르시되 내가 진실로 너희에게 이르노니 나와 복음을 위하여
집이나 형제나 자매나 어머니나 아버지나 자식이나 전토를 버린 자는
30. 현세에 있어 집과 형제와 자매와 어머니와 자식과 전토를 백 배나 받되
박해를 겸하여 받고 내세에 영생을 받지 못할 자가 없느니라
31. 그러나 먼저 된 자로서 나중 되고 나중 된 자로서 먼저 될 자가 많으
니라
32. 예루살렘으로 올라가는 길에 예수께서 그들 앞에 서서 가시는데 그들이
놀라고 따르는 자들은 두려워하더라 이에 다시 열두 제자를 데리시고
자기가 당할 일을 말씀하여 이르시되
33. 보라 우리가 예루살렘에 올라가노니 인자가 대제사장들과 서기관들에
게 넘겨지매 그들이 죽이기로 결의하고 이방인들에게 넘겨 주겠고
34. 그들은 능욕하며 침 뱉으며 채찍질하고 죽일 것이나 그는 삼 일 만에 살
아나리라 하시니라

님의 나라에 들어가기가 얼마나 어려운지
25. 낙타가 바늘귀로 나가는 것이 부자가 하나님의 나라에 들어가는 것보다
쉬우니라 하시니
26. 제자들이 매우 놀라 서로 말하되 그런즉 누가 구원을 얻을 수 있는가
하니
27. 예수께서 그들을 보시며 이르시되 사람으로는 할 수 없으되 하나님으로
는 그렇지 아니하니 하나님으로서는 다 하실 수 있느니라
28. 베드로가 여짜와 이르되 보소서 우리가 모든 것을 버리고 주를 따랐나
이다
29. 예수께서 이르시되 내가 진실로 너희에게 이르노니 나와 복음을 위하여
집이나 형제나 자매나 어머니나 아버지나 자식이나 전토를 버린 자는
30. 현세에 있어 집과 형제와 자매와 어머니와 자식과 전토를 백 배나 받되
박해를 겸하여 받고 내세에 영생을 받지 못할 자가 없느니라
31. 그러나 먼저 된 자로서 나중 되고 나중 된 자로서 먼저 될 자가 많으
니라
32. 예루살렘으로 올라가는 길에 예수께서 그들 앞에 서서 가시는데 그들이
놀라고 따르는 자들은 두려워하더라 이에 다시 열두 제자를 데리시고
자기가 당할 일을 말씀하여 이르시되
33. 보라 우리가 예루살렘에 올라가노니 인자가 대제사장들과 서기관들에
게 넘겨지매 그들이 죽이기로 결의하고 이방인들에게 넘겨 주겠고
34. 그들은 능욕하며 침 뱉으며 채찍질하고 죽일 것이나 그는 삼 일 만에 살
아나리라 하시니라

35. 세베대의 아들 야고보와 요한이 주께 나아와 여짜오되 선생님이여 무엇이든지 우리가 구하는 바를 우리에게 하여 주시기를 원하옵나이다
36. 이르시되 너희에게 무엇을 하여 주기를 원하느냐
37. 여짜오되 주의 영광중에서 우리를 하나는 주의 우편에, 하나는 좌편에 앉게 하여 주옵소서
38. 예수께서 이르시되 너희는 너희가 구하는 것을 알지 못하는도다 내가 마시는 잔을 너희가 마실 수 있으며 내가 받는 세례를 너희가 받을 수 있느냐
39. 그들이 말하되 할 수 있나이다 예수께서 이르시되 너희는 내가 마시는 잔을 마시며 내가 받는 세례를 받으려니와
40. 내 좌우편에 앉는 것은 내가 줄 것이 아니라 누구를 위하여 준비되었든지 그들이 얻을 것이니라
41. 열 제자가 듣고 야고보와 요한에 대하여 화를 내거늘
42. 예수께서 불러다가 이르시되 이방인의 집권자들이 그들을 임의로 주관하고 그 고관들이 그들에게 권세를 부리는 줄을 너희가 알거니와
43. 너희 중에는 그렇지 않을지니 너희 중에 누구든지 크고자 하는 자는 너희를 섬기는 자가 되고
44. 너희 중에 누구든지 으뜸이 되고자 하는 자는 모든 사람의 종이 되어야 하리라
45. 인자가 온 것은 섬김을 받으려 함이 아니라 도리어 섬기려 하고 자기 목숨을 많은 사람의 대속물로 주려 함이니라
46. 그들이 여리고에 이르렀더니 예수께서 제자들과 허다한 무리와 함께 여리고에서 나가실 때에 디매오의 아들인 맹인 거지 바디매오가 길 가에 앉았다가
47. 나사렛 예수시란 말을 듣고 소리 질러 이르되 다윗의 자손 예수여 나를 불쌍히

35. 세베대의 아들 야고보와 요한이 주께 나아와 여짜오되 선생님이여 무엇이든지 우리가 구하는 바를 우리에게 하여 주시기를 원하옵나이다
36. 이르시되 너희에게 무엇을 하여 주기를 원하느냐
37. 여짜오되 주의 영광중에서 우리를 하나는 주의 우편에, 하나는 좌편에 앉게 하여 주옵소서
38. 예수께서 이르시되 너희는 너희가 구하는 것을 알지 못하는도다 내가 마시는 잔을 너희가 마실 수 있으며 내가 받는 세례를 너희가 받을 수 있느냐
39. 그들이 말하되 할 수 있나이다 예수께서 이르시되 너희는 내가 마시는 잔을 마시며 내가 받는 세례를 받으려니와
40. 내 좌우편에 앉는 것은 내가 줄 것이 아니라 누구를 위하여 준비되었든지 그들이 얻을 것이니라
41. 열 제자가 듣고 야고보와 요한에 대하여 화를 내거늘
42. 예수께서 불러다가 이르시되 이방인의 집권자들이 그들을 임의로 주관하고 그 고관들이 그들에게 권세를 부리는 줄을 너희가 알거니와
43. 너희 중에는 그렇지 않을지니 너희 중에 누구든지 크고자 하는 자는 너희를 섬기는 자가 되고
44. 너희 중에 누구든지 으뜸이 되고자 하는 자는 모든 사람의 종이 되어야 하리라
45. 인자가 온 것은 섬김을 받으려 함이 아니라 도리어 섬기려 하고 자기 목숨을 많은 사람의 대속물로 주려 함이니라
46. 그들이 여리고에 이르렀더니 예수께서 제자들과 허다한 무리와 함께 여리고에서 나가실 때에 디매오의 아들인 맹인 거지 바디매오가 길 가에 앉았다가
47. 나사렛 예수시란 말을 듣고 소리 질러 이르되 다윗의 자손 예수여 나를 불쌍히

여기소서 하거늘
48. 많은 사람이 꾸짖어 잠잠하라 하되 그가 더욱 크게 소리 질러 이르되 다
윗의 자손이여 나를 불쌍히 여기소서 하는지라
49. 예수께서 머물러 서서 그를 부르라 하시니 그들이 그 맹인을 부르며 이
르되 안심하고 일어나라 그가 너를 부르신다 하매
50. 맹인이 겉옷을 내버리고 뛰어 일어나 예수께 나아오거늘
51. 예수께서 말씀하여 이르시되 네게 무엇을 하여 주기를 원하느냐 맹인이
이르되 선생님이여 보기를 원하나이다
52. 예수께서 이르시되 가라 네 믿음이 너를 구원하였느니라 하시니 그가
곧 보게 되어 예수를 길에서 따르니라

마가복음 11장

1. 그들이 예루살렘에 가까이 와서 감람 산 벳바게와 베다니에 이르렀을
때에 예수께서 제자 중 둘을 보내시며
2. 이르시되 너희는 맞은편 마을로 가라 그리로 들어가면 곧 아직 아무도
타 보지 않은 나귀 새끼가 매여 있는 것을 보리니 풀어 끌고 오라
3. 만일 누가 너희에게 왜 이렇게 하느냐 묻거든 주가 쓰시겠다 하라 그리
하면 즉시 이리로 보내리라 하시니
4. 제자들이 가서 본즉 나귀 새끼가 문 앞 거리에 매여 있는지라 그것을
푸니
5. 거기 서 있는 사람 중 어떤 이들이 이르되 나귀 새끼를 풀어 무엇 하려
느냐 하매

여기소서 하거늘
48. 많은 사람이 꾸짖어 잠잠하라 하되 그가 더욱 크게 소리 질러 이르되 다
윗의 자손이여 나를 불쌍히 여기소서 하는지라
49. 예수께서 머물러 서서 그를 부르라 하시니 그들이 그 맹인을 부르며 이
르되 안심하고 일어나라 그가 너를 부르신다 하매
50. 맹인이 겉옷을 내버리고 뛰어 일어나 예수께 나아오거늘
51. 예수께서 말씀하여 이르시되 네게 무엇을 하여 주기를 원하느냐 맹인이
이르되 선생님이여 보기를 원하나이다
52. 예수께서 이르시되 가라 네 믿음이 너를 구원하였느니라 하시니 그가
곧 보게 되어 예수를 길에서 따르니라

마가복음 11장

1. 그들이 예루살렘에 가까이 와서 감람 산 벳바게와 베다니에 이르렀을
때에 예수께서 제자 중 둘을 보내시며
2. 이르시되 너희는 맞은편 마을로 가라 그리로 들어가면 곧 아직 아무도
타 보지 않은 나귀 새끼가 매여 있는 것을 보리니 풀어 끌고 오라
3. 만일 누가 너희에게 왜 이렇게 하느냐 묻거든 주가 쓰시겠다 하라 그리
하면 즉시 이리로 보내리라 하시니
4. 제자들이 가서 본즉 나귀 새끼가 문 앞 거리에 매여 있는지라 그것을
푸니
5. 거기 서 있는 사람 중 어떤 이들이 이르되 나귀 새끼를 풀어 무엇 하려
느냐 하매

6. 제자들이 예수께서 이르신 대로 말한대 이에 허락하는지라
7. 나귀 새끼를 예수께로 끌고 와서 자기들의 겉옷을 그 위에 얹어 놓으매 예수께
서 타시니
8. 많은 사람들은 자기들의 겉옷을, 또 다른 이들은 들에서 벤 나뭇가지를 길에
펴며
9. 앞에서 가고 뒤에서 따르는 자들이 소리 지르되 호산나 찬송하리로다 주의 이
름으로 오시는 이여
10. 찬송하리로다 오는 우리 조상 다윗의 나라여 가장 높은 곳에서 호산나 하더라
11. 예수께서 예루살렘에 이르러 성전에 들어가사 모든 것을 둘러 보시고 때가 이
미 저물매 열두 제자를 데리시고 베다니에 나가시니라
12. 이튿날 그들이 베다니에서 나왔을 때에 예수께서 시장하신지라
13. 멀리서 잎사귀 있는 한 무화과나무를 보시고 혹 그 나무에 무엇이 있을까 하여
가셨더니 가서 보신즉 잎사귀 외에 아무 것도 없더라 이는 무화과의 때가 아님
이라
14. 예수께서 나무에게 말씀하여 이르시되 이제부터 영원토록 사람이 네게서 열매
를 따 먹지 못하리라 하시니 제자들이 이를 듣더라
15. 그들이 예루살렘에 들어가니라 예수께서 성전에 들어가사 성전 안에서 매매하
는 자들을 내쫓으시며 돈 바꾸는 자들의 상과 비둘기 파는 자들의 의자를 둘러
엎으시며
16. 아무나 물건을 가지고 성전 안으로 지나다님을 허락하지 아니하시고
17. 이에 가르쳐 이르시되 기록된 바 내 집은 만민이 기도하는 집이라 칭함을 받으
리라고 하지 아니하였느냐 너희는 강도의 소굴을 만들었도다 하시매

6. 제자들이 예수께서 이르신 대로 말한대 이에 허락하는지라
7. 나귀 새끼를 예수께로 끌고 와서 자기들의 겉옷을 그 위에 얹어 놓으매 예수께
서 타시니
8. 많은 사람들은 자기들의 겉옷을, 또 다른 이들은 들에서 벤 나뭇가지를 길에
펴며
9. 앞에서 가고 뒤에서 따르는 자들이 소리 지르되 호산나 찬송하리로다 주의 이
름으로 오시는 이여
10. 찬송하리로다 오는 우리 조상 다윗의 나라여 가장 높은 곳에서 호산나 하더라
11. 예수께서 예루살렘에 이르러 성전에 들어가사 모든 것을 둘러 보시고 때가 이
미 저물매 열두 제자를 데리시고 베다니에 나가시니라
12. 이튿날 그들이 베다니에서 나왔을 때에 예수께서 시장하신지라
13. 멀리서 잎사귀 있는 한 무화과나무를 보시고 혹 그 나무에 무엇이 있을까 하여
가셨더니 가서 보신즉 잎사귀 외에 아무 것도 없더라 이는 무화과의 때가 아님
이라
14. 예수께서 나무에게 말씀하여 이르시되 이제부터 영원토록 사람이 네게서 열매
를 따 먹지 못하리라 하시니 제자들이 이를 듣더라
15. 그들이 예루살렘에 들어가니라 예수께서 성전에 들어가사 성전 안에서 매매하
는 자들을 내쫓으시며 돈 바꾸는 자들의 상과 비둘기 파는 자들의 의자를 둘러
엎으시며
16. 아무나 물건을 가지고 성전 안으로 지나다님을 허락하지 아니하시고
17. 이에 가르쳐 이르시되 기록된 바 내 집은 만민이 기도하는 집이라 칭함을 받으
리라고 하지 아니하였느냐 너희는 강도의 소굴을 만들었도다 하시매

18. 대제사장들과 서기관들이 듣고 예수를 어떻게 죽일까 하고 꾀하니 이는
무리가 다 그의 교훈을 놀랍게 여기므로 그를 두려워함일러라
19. 그리고 날이 저물매 그들이 성 밖으로 나가더라
20. 그들이 아침에 지나갈 때에 무화과나무가 뿌리째 마른 것을 보고
21. 베드로가 생각이 나서 여짜오되 랍비여 보소서 저주하신 무화과나무가
말랐나이다
22. 예수께서 그들에게 대답하여 이르시되 하나님을 믿으라
23. 내가 진실로 너희에게 이르노니 누구든지 이 산더러 들리어 바다에 던
져지라 하며 그 말하는 것이 이루어질 줄 믿고 마음에 의심하지 아니하
면 그대로 되리라
24. 그러므로 내가 너희에게 말하노니 무엇이든지 기도하고 구하는 것은 받
은 줄로 믿으라 그리하면 너희에게 그대로 되리라
25. 서서 기도할 때에 아무에게나 혐의가 있거든 용서하라 그리하여야 하늘
에 계신 너희 아버지께서도 너희 허물을 사하여 주시리라 하시니라
26. (없음)
27. 그들이 다시 예루살렘에 들어가니라 예수께서 성전에서 거니실 때에 대
제사장들과 서기관들과 장로들이 나아와
28. 이르되 무슨 권위로 이런 일을 하느냐 누가 이런 일 할 권위를 주었느냐
29. 예수께서 이르시되 나도 한 말을 너희에게 물으리니 대답하라 그리하면
나도 무슨 권위로 이런 일을 하는지 이르리라
30. 요한의 세례가 하늘로부터냐 사람으로부터냐 내게 대답하라
31. 그들이 서로 의논하여 이르되 만일 하늘로부터라 하면 어찌하여 그를

18. 대제사장들과 서기관들이 듣고 예수를 어떻게 죽일까 하고 꾀하니 이는
무리가 다 그의 교훈을 놀랍게 여기므로 그를 두려워함일러라
19. 그리고 날이 저물매 그들이 성 밖으로 나가더라
20. 그들이 아침에 지나갈 때에 무화과나무가 뿌리째 마른 것을 보고
21. 베드로가 생각이 나서 여짜오되 랍비여 보소서 저주하신 무화과나무가
말랐나이다
22. 예수께서 그들에게 대답하여 이르시되 하나님을 믿으라
23. 내가 진실로 너희에게 이르노니 누구든지 이 산더러 들리어 바다에 던
져지라 하며 그 말하는 것이 이루어질 줄 믿고 마음에 의심하지 아니하
면 그대로 되리라
24. 그러므로 내가 너희에게 말하노니 무엇이든지 기도하고 구하는 것은 받
은 줄로 믿으라 그리하면 너희에게 그대로 되리라
25. 서서 기도할 때에 아무에게나 혐의가 있거든 용서하라 그리하여야 하늘
에 계신 너희 아버지께서도 너희 허물을 사하여 주시리라 하시니라
26. (없음)
27. 그들이 다시 예루살렘에 들어가니라 예수께서 성전에서 거니실 때에 대
제사장들과 서기관들과 장로들이 나아와
28. 이르되 무슨 권위로 이런 일을 하느냐 누가 이런 일 할 권위를 주었느냐
29. 예수께서 이르시되 나도 한 말을 너희에게 물으리니 대답하라 그리하면
나도 무슨 권위로 이런 일을 하는지 이르리라
30. 요한의 세례가 하늘로부터냐 사람으로부터냐 내게 대답하라
31. 그들이 서로 의논하여 이르되 만일 하늘로부터라 하면 어찌하여 그를

믿지 아니하였느냐 할 것이니
32. 그러면 사람으로부터라 할까 하였으나 모든 사람이 요한을 참 선지자로 여기므
로 그들이 백성을 두려워하는지라
33. 이에 예수께 대답하여 이르되 우리가 알지 못하노라 하니 예수께서 이르시되
나도 무슨 권위로 이런 일을 하는지 너희에게 이르지 아니하리라 하시니라

마가복음 12장
1. 예수께서 비유로 그들에게 말씀하시되 한 사람이 포도원을 만들어 산울타리로
두르고 즙 짜는 틀을 만들고 망대를 지어서 농부들에게 세로 주고 타국에 갔
더니
2. 때가 이르매 농부들에게 포도원 소출 얼마를 받으려고 한 종을 보내니
3. 그들이 종을 잡아 심히 때리고 거저 보내었거늘
4. 다시 다른 종을 보내니 그의 머리에 상처를 내고 능욕하였거늘
5. 또 다른 종을 보내니 그들이 그를 죽이고 또 그 외 많은 종들도 더러는 때리고
더러는 죽인지라
6. 이제 한 사람이 남았으니 곧 그가 사랑하는 아들이라 최후로 이를 보내며 이르
되 내 아들은 존대하리라 하였더니
7. 그 농부들이 서로 말하되 이는 상속자니 자 죽이자 그러면 그 유산이 우리 것이
되리라 하고
8. 이에 잡아 죽여 포도원 밖에 내던졌느니라
9. 포도원 주인이 어떻게 하겠느냐 와서 그 농부들을 진멸하고 포도원을 다른 사
람들에게 주리라

믿지 아니하였느냐 할 것이니
32. 그러면 사람으로부터라 할까 하였으나 모든 사람이 요한을 참 선지자로 여기므
로 그들이 백성을 두려워하는지라
33. 이에 예수께 대답하여 이르되 우리가 알지 못하노라 하니 예수께서 이르시되
나도 무슨 권위로 이런 일을 하는지 너희에게 이르지 아니하리라 하시니라

마가복음 12장

1. 예수께서 비유로 그들에게 말씀하시되 한 사람이 포도원을 만들어 산울타리로
두르고 즙 짜는 틀을 만들고 망대를 지어서 농부들에게 세로 주고 타국에 갔
더니
2. 때가 이르매 농부들에게 포도원 소출 얼마를 받으려고 한 종을 보내니
3. 그들이 종을 잡아 심히 때리고 거저 보내었거늘
4. 다시 다른 종을 보내니 그의 머리에 상처를 내고 능욕하였거늘
5. 또 다른 종을 보내니 그들이 그를 죽이고 또 그 외 많은 종들도 더러는 때리고
더러는 죽인지라
6. 이제 한 사람이 남았으니 곧 그가 사랑하는 아들이라 최후로 이를 보내며 이르
되 내 아들은 존대하리라 하였더니
7. 그 농부들이 서로 말하되 이는 상속자니 자 죽이자 그러면 그 유산이 우리 것이
되리라 하고
8. 이에 잡아 죽여 포도원 밖에 내던졌느니라
9. 포도원 주인이 어떻게 하겠느냐 와서 그 농부들을 진멸하고 포도원을 다른 사
람들에게 주리라

10. 너희가 성경에 건축자들이 버린 돌이 모퉁이의 머릿돌이 되었나니
11. 이것은 주로 말미암아 된 것이요 우리 눈에 놀랍도다 함을 읽어 보지도 못하였느냐 하시니라
12. 그들이 예수의 이 비유가 자기들을 가리켜 말씀하심인 줄 알고 잡고자 하되 무리를 두려워하여 예수를 두고 가니라
13. 그들이 예수의 말씀을 책잡으려 하여 바리새인과 헤롯당 중에서 사람을 보내매
14. 와서 이르되 선생님이여 우리가 아노니 당신은 참되시고 아무도 꺼리는 일이 없으시니 이는 사람을 외모로 보지 않고 오직 진리로써 하나님의 도를 가르치심이니이다 가이사에게 세금을 바치는 것이 옳으니이까 옳지 아니하니이까
15. 우리가 바치리이까 말리이까 한대 예수께서 그 외식함을 아시고 이르시되 어찌하여 나를 시험하느냐 데나리온 하나를 가져다가 내게 보이라 하시니
16. 가져왔거늘 예수께서 이르시되 이 형상과 이 글이 누구의 것이냐 이르되 가이사의 것이니이다
17. 이에 예수께서 이르시되 가이사의 것은 가이사에게, 하나님의 것은 하나님께 바치라 하시니 그들이 예수께 대하여 매우 놀랍게 여기더라
18. 부활이 없다 하는 사두개인들이 예수께 와서 물어 이르되
19. 선생님이여 모세가 우리에게 써 주기를 어떤 사람의 형이 자식이 없이 아내를 두고 죽으면 그 동생이 그 아내를 취하여 형을 위하여 상속자를 세울지니라 하였나이다

10. 너희가 성경에 건축자들이 버린 돌이 모퉁이의 머릿돌이 되었나니
11. 이것은 주로 말미암아 된 것이요 우리 눈에 놀랍도다 함을 읽어 보지도 못하였느냐 하시니라
12. 그들이 예수의 이 비유가 자기들을 가리켜 말씀하심인 줄 알고 잡고자 하되 무리를 두려워하여 예수를 두고 가니라
13. 그들이 예수의 말씀을 책잡으려 하여 바리새인과 헤롯당 중에서 사람을 보내매
14. 와서 이르되 선생님이여 우리가 아노니 당신은 참되시고 아무도 꺼리는 일이 없으시니 이는 사람을 외모로 보지 않고 오직 진리로써 하나님의 도를 가르치심이니이다 가이사에게 세금을 바치는 것이 옳으니이까 옳지 아니하니이까
15. 우리가 바치리이까 말리이까 한대 예수께서 그 외식함을 아시고 이르시되 어찌하여 나를 시험하느냐 데나리온 하나를 가져다가 내게 보이라 하시니
16. 가져왔거늘 예수께서 이르시되 이 형상과 이 글이 누구의 것이냐 이르되 가이사의 것이니이다
17. 이에 예수께서 이르시되 가이사의 것은 가이사에게, 하나님의 것은 하나님께 바치라 하시니 그들이 예수께 대하여 매우 놀랍게 여기더라
18. 부활이 없다 하는 사두개인들이 예수께 와서 물어 이르되
19. 선생님이여 모세가 우리에게 써 주기를 어떤 사람의 형이 자식이 없이 아내를 두고 죽으면 그 동생이 그 아내를 취하여 형을 위하여 상속자를 세울지니라 하였나이다

20. 칠 형제가 있었는데 맏이가 아내를 취하였다가 상속자가 없이 죽고
21. 둘째도 그 여자를 취하였다가 상속자가 없이 죽고 셋째도 그렇게 하여
22. 일곱이 다 상속자가 없었고 최후에 여자도 죽었나이다
23. 일곱 사람이 다 그를 아내로 취하였으니 부활 때 곧 그들이 살아날 때에 그 중의 누구의 아내가 되리이까
24. 예수께서 이르시되 너희가 성경도 하나님의 능력도 알지 못하므로 오해함이 아니냐
25. 사람이 죽은 자 가운데서 살아날 때에는 장가도 아니 가고 시집도 아니 가고 하늘에 있는 천사들과 같으니라
26. 죽은 자가 살아난다는 것을 말할진대 너희가 모세의 책 중 가시나무 떨기에 관한 글에 하나님께서 모세에게 이르시되 나는 아브라함의 하나님이요 이삭의 하나님이요 야곱의 하나님이로라 하신 말씀을 읽어보지 못하였느냐
27. 하나님은 죽은 자의 하나님이 아니요 산 자의 하나님이시라 너희가 크게 오해하였도다 하시니라
28. 서기관 중 한 사람이 그들이 변론하는 것을 듣고 예수께서 잘 대답하신 줄을 알고 나아와 묻되 모든 계명 중에 첫째가 무엇이니이까
29. 예수께서 대답하시되 첫째는 이것이니 이스라엘아 들으라 주 곧 우리 하나님은 유일한 주시라
30. 네 마음을 다하고 목숨을 다하고 뜻을 다하고 힘을 다하여 주 너의 하나님을 사랑하라 하신 것이요
31. 둘째는 이것이니 네 이웃을 네 자신과 같이 사랑하라 하신 것이라 이보다 더 큰 계명이 없느니라

20. 칠 형제가 있었는데 맏이가 아내를 취하였다가 상속자가 없이 죽고
21. 둘째도 그 여자를 취하였다가 상속자가 없이 죽고 셋째도 그렇게 하여
22. 일곱이 다 상속자가 없었고 최후에 여자도 죽었나이다
23. 일곱 사람이 다 그를 아내로 취하였으니 부활 때 곧 그들이 살아날 때에 그 중의 누구의 아내가 되리이까
24. 예수께서 이르시되 너희가 성경도 하나님의 능력도 알지 못하므로 오해함이 아니냐
25. 사람이 죽은 자 가운데서 살아날 때에는 장가도 아니 가고 시집도 아니 가고 하늘에 있는 천사들과 같으니라
26. 죽은 자가 살아난다는 것을 말할진대 너희가 모세의 책 중 가시나무 떨기에 관한 글에 하나님께서 모세에게 이르시되 나는 아브라함의 하나님이요 이삭의 하나님이요 야곱의 하나님이로라 하신 말씀을 읽어보지 못하였느냐
27. 하나님은 죽은 자의 하나님이 아니요 산 자의 하나님이시라 너희가 크게 오해하였도다 하시니라
28. 서기관 중 한 사람이 그들이 변론하는 것을 듣고 예수께서 잘 대답하신 줄을 알고 나아와 묻되 모든 계명 중에 첫째가 무엇이니이까
29. 예수께서 대답하시되 첫째는 이것이니 이스라엘아 들으라 주 곧 우리 하나님은 유일한 주시라
30. 네 마음을 다하고 목숨을 다하고 뜻을 다하고 힘을 다하여 주 너의 하나님을 사랑하라 하신 것이요
31. 둘째는 이것이니 네 이웃을 네 자신과 같이 사랑하라 하신 것이라 이보다 더 큰 계명이 없느니라

32. 서기관이 이르되 선생님이여 옳소이다 하나님은 한 분이시요 그 외에
다른 이가 없다 하신 말씀이 참이니이다
33. 또 마음을 다하고 지혜를 다하고 힘을 다하여 하나님을 사랑하는 것과
또 이웃을 자기 자신과 같이 사랑하는 것이 전체로 드리는 모든 번제물
과 기타 제물보다 나으니이다
34. 예수께서 그가 지혜 있게 대답함을 보시고 이르시되 네가 하나님의 나
라에서 멀지 않도다 하시니 그 후에 감히 묻는 자가 없더라
35. 예수께서 성전에서 가르치실새 대답하여 이르시되 어찌하여 서기관들
이 그리스도를 다윗의 자손이라 하느냐
36. 다윗이 성령에 감동되어 친히 말하되 주께서 내 주께 이르시되 내가
네 원수를 네 발 아래에 둘 때까지 내 우편에 앉았으라 하셨도다 하였
느니라
37. 다윗이 그리스도를 주라 하였은즉 어찌 그의 자손이 되겠느냐 하시니
많은 사람들이 즐겁게 듣더라
38. 예수께서 가르치실 때에 이르시되 긴 옷을 입고 다니는 것과 시장에서
문안 받는 것과
39. 회당의 높은 자리와 잔치의 윗자리를 원하는 서기관들을 삼가라
40. 그들은 과부의 가산을 삼키며 외식으로 길게 기도하는 자니 그 받는 판
결이 더욱 중하리라 하시니라
41. 예수께서 헌금함을 대하여 앉으사 무리가 어떻게 헌금함에 돈 넣는가를
보실새 여러 부자는 많이 넣는데
42. 한 가난한 과부는 와서 두 렙돈 곧 한 고드란트를 넣는지라

32. 서기관이 이르되 선생님이여 옳소이다 하나님은 한 분이시요 그 외에
다른 이가 없다 하신 말씀이 참이니이다
33. 또 마음을 다하고 지혜를 다하고 힘을 다하여 하나님을 사랑하는 것과
또 이웃을 자기 자신과 같이 사랑하는 것이 전체로 드리는 모든 번제물
과 기타 제물보다 나으니이다
34. 예수께서 그가 지혜 있게 대답함을 보시고 이르시되 네가 하나님의 나
라에서 멀지 않도다 하시니 그 후에 감히 묻는 자가 없더라
35. 예수께서 성전에서 가르치실새 대답하여 이르시되 어찌하여 서기관들
이 그리스도를 다윗의 자손이라 하느냐
36. 다윗이 성령에 감동되어 친히 말하되 주께서 내 주께 이르시되 내가
네 원수를 네 발 아래에 둘 때까지 내 우편에 앉았으라 하셨도다 하였
느니라
37. 다윗이 그리스도를 주라 하였은즉 어찌 그의 자손이 되겠느냐 하시니
많은 사람들이 즐겁게 듣더라
38. 예수께서 가르치실 때에 이르시되 긴 옷을 입고 다니는 것과 시장에서
문안 받는 것과
39. 회당의 높은 자리와 잔치의 윗자리를 원하는 서기관들을 삼가라
40. 그들은 과부의 가산을 삼키며 외식으로 길게 기도하는 자니 그 받는 판
결이 더욱 중하리라 하시니라
41. 예수께서 헌금함을 대하여 앉으사 무리가 어떻게 헌금함에 돈 넣는가를
보실새 여러 부자는 많이 넣는데
42. 한 가난한 과부는 와서 두 렙돈 곧 한 고드란트를 넣는지라

43. 예수께서 제자들을 불러다가 이르시되 내가 진실로 너희에게 이르노니 이 가난한 과부는 헌금함에 넣는 모든 사람보다 많이 넣었도다
44. 그들은 다 그 풍족한 중에서 넣었거니와 이 과부는 그 가난한 중에서 자기의 모든 소유 곧 생활비 전부를 넣었느니라 하시니라

마가복음 13장

1. 예수께서 성전에서 나가실 때에 제자 중 하나가 이르되 선생님이여 보소서 이 돌들이 어떠하며 이 건물들이 어떠하니이까
2. 예수께서 이르시되 네가 이 큰 건물들을 보느냐 돌 하나도 돌 위에 남지 않고 다 무너뜨려지리라 하시니라
3. 예수께서 감람 산에서 성전을 마주 대하여 앉으셨을 때에 베드로와 야고보와 요한과 안드레가 조용히 묻되
4. 우리에게 이르소서 어느 때에 이런 일이 있겠사오며 이 모든 일이 이루어지려 할 때에 무슨 징조가 있사오리이까
5. 예수께서 이르시되 너희가 사람의 미혹을 받지 않도록 주의하라
6. 많은 사람이 내 이름으로 와서 이르되 내가 그라 하여 많은 사람을 미혹하리라
7. 난리와 난리의 소문을 들을 때에 두려워하지 말라 이런 일이 있어야 하되 아직 끝은 아니니라
8. 민족이 민족을, 나라가 나라를 대적하여 일어나겠고 곳곳에 지진이 있으며 기근이 있으리니 이는 재난의 시작이니라
9. 너희는 스스로 조심하라 사람들이 너희를 공회에 넘겨 주겠고 너희를 회당에서 매질하겠으며 나로 말미암아 너희가 권력자들과 임금들 앞에 서리니 이는 그들

43. 예수께서 제자들을 불러다가 이르시되 내가 진실로 너희에게 이르노니 이 가난한 과부는 헌금함에 넣는 모든 사람보다 많이 넣었도다
44. 그들은 다 그 풍족한 중에서 넣었거니와 이 과부는 그 가난한 중에서 자기의 모든 소유 곧 생활비 전부를 넣었느니라 하시니라

마가복음 13장

1. 예수께서 성전에서 나가실 때에 제자 중 하나가 이르되 선생님이여 보소서 이 돌들이 어떠하며 이 건물들이 어떠하니이까
2. 예수께서 이르시되 네가 이 큰 건물들을 보느냐 돌 하나도 돌 위에 남지 않고 다 무너뜨려지리라 하시니라
3. 예수께서 감람 산에서 성전을 마주 대하여 앉으셨을 때에 베드로와 야고보와 요한과 안드레가 조용히 묻되
4. 우리에게 이르소서 어느 때에 이런 일이 있겠사오며 이 모든 일이 이루어지려 할 때에 무슨 징조가 있사오리이까
5. 예수께서 이르시되 너희가 사람의 미혹을 받지 않도록 주의하라
6. 많은 사람이 내 이름으로 와서 이르되 내가 그라 하여 많은 사람을 미혹하리라
7. 난리와 난리의 소문을 들을 때에 두려워하지 말라 이런 일이 있어야 하되 아직 끝은 아니니라
8. 민족이 민족을, 나라가 나라를 대적하여 일어나겠고 곳곳에 지진이 있으며 기근이 있으리니 이는 재난의 시작이니라
9. 너희는 스스로 조심하라 사람들이 너희를 공회에 넘겨 주겠고 너희를 회당에서 매질하겠으며 나로 말미암아 너희가 권력자들과 임금들 앞에 서리니 이는 그들

에게 증거가 되려 함이라
10. 또 복음이 먼저 만국에 전파되어야 할 것이니라
11. 사람들이 너희를 끌어다가 넘겨 줄 때에 무슨 말을 할까 미리 염려하지 말고 무엇이든지 그 때에 너희에게 주시는 그 말을 하라 말하는 이는 너희가 아니요 성령이시니라
12. 형제가 형제를, 아버지가 자식을 죽는 데에 내주며 자식들이 부모를 대적하여 죽게 하리라
13. 또 너희가 내 이름으로 말미암아 모든 사람에게 미움을 받을 것이나 끝까지 견디는 자는 구원을 받으리라
14. 멸망의 가증한 것이 서지 못할 곳에 선 것을 보거든 (읽는 자는 깨달을 진저) 그 때에 유대에 있는 자들은 산으로 도망할지어다
15. 지붕 위에 있는 자는 내려가지도 말고 집에 있는 무엇을 가지러 들어가지도 말며
16. 밭에 있는 자는 겉옷을 가지러 뒤로 돌이키지 말지어다
17. 그 날에는 아이 밴 자들과 젖먹이는 자들에게 화가 있으리로다
18. 이 일이 겨울에 일어나지 않도록 기도하라
19. 이는 그 날들이 환난의 날이 되겠음이라 하나님께서 창조하신 시초부터 지금까지 이런 환난이 없었고 후에도 없으리라
20. 만일 주께서 그 날들을 감하지 아니하셨더라면 모든 육체가 구원을 얻지 못할 것이거늘 자기가 택하신 자들을 위하여 그 날들을 감하셨느니라
21. 그 때에 어떤 사람이 너희에게 말하되 보라 그리스도가 여기 있다 보라 저기 있다 하여도 믿지 말라

에게 증거가 되려 함이라
10. 또 복음이 먼저 만국에 전파되어야 할 것이니라
11. 사람들이 너희를 끌어다가 넘겨 줄 때에 무슨 말을 할까 미리 염려하지 말고 무엇이든지 그 때에 너희에게 주시는 그 말을 하라 말하는 이는 너희가 아니요 성령이시니라
12. 형제가 형제를, 아버지가 자식을 죽는 데에 내주며 자식들이 부모를 대적하여 죽게 하리라
13. 또 너희가 내 이름으로 말미암아 모든 사람에게 미움을 받을 것이나 끝까지 견디는 자는 구원을 받으리라
14. 멸망의 가증한 것이 서지 못할 곳에 선 것을 보거든 (읽는 자는 깨달을 진저) 그 때에 유대에 있는 자들은 산으로 도망할지어다
15. 지붕 위에 있는 자는 내려가지도 말고 집에 있는 무엇을 가지러 들어가지도 말며
16. 밭에 있는 자는 겉옷을 가지러 뒤로 돌이키지 말지어다
17. 그 날에는 아이 밴 자들과 젖먹이는 자들에게 화가 있으리로다
18. 이 일이 겨울에 일어나지 않도록 기도하라
19. 이는 그 날들이 환난의 날이 되겠음이라 하나님께서 창조하신 시초부터 지금까지 이런 환난이 없었고 후에도 없으리라
20. 만일 주께서 그 날들을 감하지 아니하셨더라면 모든 육체가 구원을 얻지 못할 것이거늘 자기가 택하신 자들을 위하여 그 날들을 감하셨느니라
21. 그 때에 어떤 사람이 너희에게 말하되 보라 그리스도가 여기 있다 보라 저기 있다 하여도 믿지 말라

22. 거짓 그리스도들과 거짓 선지자들이 일어나서 이적과 기사를 행하여 할 수만 있으면 택하신 자들을 미혹하려 하리라
23. 너희는 삼가라 내가 모든 일을 너희에게 미리 말하였노라
24. 그 때에 그 환난 후 해가 어두워지며 달이 빛을 내지 아니하며
25. 별들이 하늘에서 떨어지며 하늘에 있는 권능들이 흔들리리라
26. 그 때에 인자가 구름을 타고 큰 권능과 영광으로 오는 것을 사람들이 보리라
27. 또 그 때에 그가 천사들을 보내어 자기가 택하신 자들을 땅 끝으로부터 하늘 끝까지 사방에서 모으리라
28. 무화과나무의 비유를 배우라 그 가지가 연하여지고 잎사귀를 내면 여름이 가까운 줄 아나니
29. 이와 같이 너희가 이런 일이 일어나는 것을 보거든 인자가 가까이 곧 문 앞에 이른 줄 알라
30. 내가 진실로 너희에게 말하노니 이 세대가 지나가기 전에 이 일이 다 일어나리라
31. 천지는 없어지겠으나 내 말은 없어지지 아니하리라
32. 그러나 그 날과 그 때는 아무도 모르나니 하늘에 있는 천사들도, 아들도 모르고 아버지만 아시느니라
33. 주의하라 깨어 있으라 그 때가 언제인지 알지 못함이라
34. 가령 사람이 집을 떠나 타국으로 갈 때에 그 종들에게 권한을 주어 각각 사무를 맡기며 문지기에게 깨어 있으라 명함과 같으니
35. 그러므로 깨어 있으라 집 주인이 언제 올는지 혹 저물 때일는지, 밤중일는지, 닭 울 때일는지, 새벽일는지 너희가 알지 못함이라

22. 거짓 그리스도들과 거짓 선지자들이 일어나서 이적과 기사를 행하여 할 수만 있으면 택하신 자들을 미혹하려 하리라
23. 너희는 삼가라 내가 모든 일을 너희에게 미리 말하였노라
24. 그 때에 그 환난 후 해가 어두워지며 달이 빛을 내지 아니하며
25. 별들이 하늘에서 떨어지며 하늘에 있는 권능들이 흔들리리라
26. 그 때에 인자가 구름을 타고 큰 권능과 영광으로 오는 것을 사람들이 보리라
27. 또 그 때에 그가 천사들을 보내어 자기가 택하신 자들을 땅 끝으로부터 하늘 끝까지 사방에서 모으리라
28. 무화과나무의 비유를 배우라 그 가지가 연하여지고 잎사귀를 내면 여름이 가까운 줄 아나니
29. 이와 같이 너희가 이런 일이 일어나는 것을 보거든 인자가 가까이 곧 문 앞에 이른 줄 알라
30. 내가 진실로 너희에게 말하노니 이 세대가 지나가기 전에 이 일이 다 일어나리라
31. 천지는 없어지겠으나 내 말은 없어지지 아니하리라
32. 그러나 그 날과 그 때는 아무도 모르나니 하늘에 있는 천사들도, 아들도 모르고 아버지만 아시느니라
33. 주의하라 깨어 있으라 그 때가 언제인지 알지 못함이라
34. 가령 사람이 집을 떠나 타국으로 갈 때에 그 종들에게 권한을 주어 각각 사무를 맡기며 문지기에게 깨어 있으라 명함과 같으니
35. 그러므로 깨어 있으라 집 주인이 언제 올는지 혹 저물 때일는지, 밤중일는지, 닭 울 때일는지, 새벽일는지 너희가 알지 못함이라

36. 그가 홀연히 와서 너희가 자는 것을 보지 않도록 하라
37. 깨어 있으라 내가 너희에게 하는 이 말은 모든 사람에게 하는 말이니라
하시니라

마가복음 14장

1. 이틀이 지나면 유월절과 무교절이라 대제사장들과 서기관들이 예수를
흉계로 잡아 죽일 방도를 구하며
2. 이르되 민란이 날까 하노니 명절에는 하지 말자 하더라
3. 예수께서 베다니 나병환자 시몬의 집에서 식사하실 때에 한 여자가 매
우 값진 향유 곧 순전한 나드 한 옥합을 가지고 와서 그 옥합을 깨뜨려
예수의 머리에 부으니
4. 어떤 사람들이 화를 내어 서로 말하되 어찌하여 이 향유를 허비하는가
5. 이 향유를 삼백 데나리온 이상에 팔아 가난한 자들에게 줄 수 있었겠도
다 하며 그 여자를 책망하는지라
6. 예수께서 이르시되 가만 두라 너희가 어찌하여 그를 괴롭게 하느냐 그
가 내게 좋은 일을 하였느니라
7. 가난한 자들은 항상 너희와 함께 있으니 아무 때라도 원하는 대로 도울
수 있거니와 나는 너희와 항상 함께 있지 아니하리라
8. 그는 힘을 다하여 내 몸에 향유를 부어 내 장례를 미리 준비하였느니라
9. 내가 진실로 너희에게 이르노니 온 천하에 어디서든지 복음이 전파되는
곳에는 이 여자가 행한 일도 말하여 그를 기억하리라 하시니라
10. 열둘 중의 하나인 가룟 유다가 예수를 넘겨 주려고 대제사장들에게 가매

36. 그가 홀연히 와서 너희가 자는 것을 보지 않도록 하라
37. 깨어 있으라 내가 너희에게 하는 이 말은 모든 사람에게 하는 말이니라
하시니라

마가복음 14장

1. 이틀이 지나면 유월절과 무교절이라 대제사장들과 서기관들이 예수를
흉계로 잡아 죽일 방도를 구하며
2. 이르되 민란이 날까 하노니 명절에는 하지 말자 하더라
3. 예수께서 베다니 나병환자 시몬의 집에서 식사하실 때에 한 여자가 매
우 값진 향유 곧 순전한 나드 한 옥합을 가지고 와서 그 옥합을 깨뜨려
예수의 머리에 부으니
4. 어떤 사람들이 화를 내어 서로 말하되 어찌하여 이 향유를 허비하는가
5. 이 향유를 삼백 데나리온 이상에 팔아 가난한 자들에게 줄 수 있었겠도
다 하며 그 여자를 책망하는지라
6. 예수께서 이르시되 가만 두라 너희가 어찌하여 그를 괴롭게 하느냐 그
가 내게 좋은 일을 하였느니라
7. 가난한 자들은 항상 너희와 함께 있으니 아무 때라도 원하는 대로 도울
수 있거니와 나는 너희와 항상 함께 있지 아니하리라
8. 그는 힘을 다하여 내 몸에 향유를 부어 내 장례를 미리 준비하였느니라
9. 내가 진실로 너희에게 이르노니 온 천하에 어디서든지 복음이 전파되는
곳에는 이 여자가 행한 일도 말하여 그를 기억하리라 하시니라
10. 열둘 중의 하나인 가룟 유다가 예수를 넘겨 주려고 대제사장들에게 가매

11. 그들이 듣고 기뻐하여 돈을 주기로 약속하니 유다가 예수를 어떻게 넘겨 줄까 하고 그 기회를 찾더라
12. 무교절의 첫날 곧 유월절 양 잡는 날에 제자들이 예수께 여짜오되 우리가 어디로 가서 선생님께서 유월절 음식을 잡수시게 준비하기를 원하시나이까 하매
13. 예수께서 제자 중의 둘을 보내시며 이르시되 성내로 들어가라 그리하면 물 한 동이를 가지고 가는 사람을 만나리니 그를 따라가서
14. 어디든지 그가 들어가는 그 집 주인에게 이르되 선생님의 말씀이 내가 내 제자들과 함께 유월절 음식을 먹을 나의 객실이 어디 있느냐 하시더라 하라
15. 그리하면 자리를 펴고 준비한 큰 다락방을 보이리니 거기서 우리를 위하여 준비하라 하시니
16. 제자들이 나가 성내로 들어가서 예수께서 하시던 말씀대로 만나 유월절 음식을 준비하니라
17. 저물매 그 열둘을 데리시고 가서
18. 다 앉아 먹을 때에 예수께서 이르시되 내가 진실로 너희에게 이르노니 너희 중의 한 사람 곧 나와 함께 먹는 자가 나를 팔리라 하신대
19. 그들이 근심하며 하나씩 하나씩 나는 아니지요 하고 말하기 시작하니
20. 그들에게 이르시되 열둘 중의 하나 곧 나와 함께 그릇에 손을 넣는 자니라
21. 인자는 자기에 대하여 기록된 대로 가거니와 인자를 파는 그 사람에게는 화가 있으리로다 그 사람은 차라리 나지 아니하였더라면 자기에게 좋을 뻔하였느니라 하시니라
22. 그들이 먹을 때에 예수께서 떡을 가지사 축복하시고 떼어 제자들에게 주시며 이르시되 받으라 이것은 내 몸이니라 하시고

11. 그들이 듣고 기뻐하여 돈을 주기로 약속하니 유다가 예수를 어떻게 넘겨 줄까 하고 그 기회를 찾더라
12. 무교절의 첫날 곧 유월절 양 잡는 날에 제자들이 예수께 여짜오되 우리가 어디로 가서 선생님께서 유월절 음식을 잡수시게 준비하기를 원하시나이까 하매
13. 예수께서 제자 중의 둘을 보내시며 이르시되 성내로 들어가라 그리하면 물 한 동이를 가지고 가는 사람을 만나리니 그를 따라가서
14. 어디든지 그가 들어가는 그 집 주인에게 이르되 선생님의 말씀이 내가 내 제자들과 함께 유월절 음식을 먹을 나의 객실이 어디 있느냐 하시더라 하라
15. 그리하면 자리를 펴고 준비한 큰 다락방을 보이리니 거기서 우리를 위하여 준비하라 하시니
16. 제자들이 나가 성내로 들어가서 예수께서 하시던 말씀대로 만나 유월절 음식을 준비하니라
17. 저물매 그 열둘을 데리시고 가서
18. 다 앉아 먹을 때에 예수께서 이르시되 내가 진실로 너희에게 이르노니 너희 중의 한 사람 곧 나와 함께 먹는 자가 나를 팔리라 하신대
19. 그들이 근심하며 하나씩 하나씩 나는 아니지요 하고 말하기 시작하니
20. 그들에게 이르시되 열둘 중의 하나 곧 나와 함께 그릇에 손을 넣는 자니라
21. 인자는 자기에 대하여 기록된 대로 가거니와 인자를 파는 그 사람에게는 화가 있으리로다 그 사람은 차라리 나지 아니하였더라면 자기에게 좋을 뻔하였느니라 하시니라
22. 그들이 먹을 때에 예수께서 떡을 가지사 축복하시고 떼어 제자들에게 주시며 이르시되 받으라 이것은 내 몸이니라 하시고

23. 또 잔을 가지사 감사 기도 하시고 그들에게 주시니 다 이를 마시매
24. 이르시되 이것은 많은 사람을 위하여 흘리는 나의 피 곧 언약의 피니라
25. 진실로 너희에게 이르노니 내가 포도나무에서 난 것을 하나님 나라에서
새 것으로 마시는 날까지 다시 마시지 아니하리라 하시니라
26. 이에 그들이 찬미하고 감람 산으로 가니라
27. 예수께서 제자들에게 이르시되 너희가 다 나를 버리리라 이는 기록된
바 내가 목자를 치리니 양들이 흩어지리라 하였음이니라
28. 그러나 내가 살아난 후에 너희보다 먼저 갈릴리로 가리라
29. 베드로가 여짜오되 다 버릴지라도 나는 그리하지 않겠나이다
30. 예수께서 이르시되 내가 진실로 네게 이르노니 오늘 이 밤 닭이 두 번
울기 전에 네가 세 번 나를 부인하리라
31. 베드로가 힘있게 말하되 내가 주와 함께 죽을지언정 주를 부인하지 않
겠나이다 하고 모든 제자도 이와 같이 말하니라
32. 그들이 겟세마네라 하는 곳에 이르매 예수께서 제자들에게 이르시되 내
가 기도할 동안에 너희는 여기 앉아 있으라 하시고
33. 베드로와 야고보와 요한을 데리고 가실새 심히 놀라시며 슬퍼하사
34. 말씀하시되 내 마음이 심히 고민하여 죽게 되었으니 너희는 여기 머물
러 깨어 있으라 하시고
35. 조금 나아가사 땅에 엎드리어 될 수 있는 대로 이 때가 자기에게서 지나
가기를 구하여
36. 이르시되 아빠 아버지여 아버지께는 모든 것이 가능하오니 이 잔을 내
게서 옮기시옵소서 그러나 나의 원대로 마시옵고 아버지의 원대로 하옵

23. 또 잔을 가지사 감사 기도 하시고 그들에게 주시니 다 이를 마시매
24. 이르시되 이것은 많은 사람을 위하여 흘리는 나의 피 곧 언약의 피니라
25. 진실로 너희에게 이르노니 내가 포도나무에서 난 것을 하나님 나라에서
새 것으로 마시는 날까지 다시 마시지 아니하리라 하시니라
26. 이에 그들이 찬미하고 감람 산으로 가니라
27. 예수께서 제자들에게 이르시되 너희가 다 나를 버리리라 이는 기록된
바 내가 목자를 치리니 양들이 흩어지리라 하였음이니라
28. 그러나 내가 살아난 후에 너희보다 먼저 갈릴리로 가리라
29. 베드로가 여짜오되 다 버릴지라도 나는 그리하지 않겠나이다
30. 예수께서 이르시되 내가 진실로 네게 이르노니 오늘 이 밤 닭이 두 번
울기 전에 네가 세 번 나를 부인하리라
31. 베드로가 힘있게 말하되 내가 주와 함께 죽을지언정 주를 부인하지 않
겠나이다 하고 모든 제자도 이와 같이 말하니라
32. 그들이 겟세마네라 하는 곳에 이르매 예수께서 제자들에게 이르시되 내
가 기도할 동안에 너희는 여기 앉아 있으라 하시고
33. 베드로와 야고보와 요한을 데리고 가실새 심히 놀라시며 슬퍼하사
34. 말씀하시되 내 마음이 심히 고민하여 죽게 되었으니 너희는 여기 머물
러 깨어 있으라 하시고
35. 조금 나아가사 땅에 엎드리어 될 수 있는 대로 이 때가 자기에게서 지나
가기를 구하여
36. 이르시되 아빠 아버지여 아버지께는 모든 것이 가능하오니 이 잔을 내
게서 옮기시옵소서 그러나 나의 원대로 마시옵고 아버지의 원대로 하옵

소서 하시고
37. 돌아오사 제자들이 자는 것을 보시고 베드로에게 말씀하시되 시몬아 자느냐 네
가 한 시간도 깨어 있을 수 없더냐
38. 시험에 들지 않게 깨어 있어 기도하라 마음에는 원이로되 육신이 약하도다 하
시고
39. 다시 나아가 동일한 말씀으로 기도하시고
40. 다시 오사 보신즉 그들이 자니 이는 그들의 눈이 심히 피곤함이라 그들이 예수
께 무엇으로 대답할 줄을 알지 못하더라
41. 세 번째 오사 그들에게 이르시되 이제는 자고 쉬라 그만 되었다 때가 왔도다 보
라 인자가 죄인의 손에 팔리느니라
42. 일어나라 함께 가자 보라 나를 파는 자가 가까이 왔느니라
43. 예수께서 말씀하실 때에 곧 열둘 중의 하나인 유다가 왔는데 대제사장들과 서
기관들과 장로들에게서 파송된 무리가 검과 몽치를 가지고 그와 함께 하였더라
44. 예수를 파는 자가 이미 그들과 군호를 짜 이르되 내가 입맞추는 자가 그이니 그
를 잡아 단단히 끌어 가라 하였는지라
45. 이에 와서 곧 예수께 나아와 랍비여 하고 입을 맞추니
46. 그들이 예수께 손을 대어 잡거늘
47. 곁에 서 있는 자 중의 한 사람이 칼을 빼어 대제사장의 종을 쳐 그 귀를 떨어뜨
리니라
48. 예수께서 무리에게 말씀하여 이르시되 너희가 강도를 잡는 것 같이 검과 몽치
를 가지고 나를 잡으러 나왔느냐
49. 내가 날마다 너희와 함께 성전에 있으면서 가르쳤으되 너희가 나를 잡지 아니

소서 하시고
37. 돌아오사 제자들이 자는 것을 보시고 베드로에게 말씀하시되 시몬아 자느냐 네
가 한 시간도 깨어 있을 수 없더냐
38. 시험에 들지 않게 깨어 있어 기도하라 마음에는 원이로되 육신이 약하도다 하
시고
39. 다시 나아가 동일한 말씀으로 기도하시고
40. 다시 오사 보신즉 그들이 자니 이는 그들의 눈이 심히 피곤함이라 그들이 예수
께 무엇으로 대답할 줄을 알지 못하더라
41. 세 번째 오사 그들에게 이르시되 이제는 자고 쉬라 그만 되었다 때가 왔도다 보
라 인자가 죄인의 손에 팔리느니라
42. 일어나라 함께 가자 보라 나를 파는 자가 가까이 왔느니라
43. 예수께서 말씀하실 때에 곧 열둘 중의 하나인 유다가 왔는데 대제사장들과 서
기관들과 장로들에게서 파송된 무리가 검과 몽치를 가지고 그와 함께 하였더라
44. 예수를 파는 자가 이미 그들과 군호를 짜 이르되 내가 입맞추는 자가 그이니 그
를 잡아 단단히 끌어 가라 하였는지라
45. 이에 와서 곧 예수께 나아와 랍비여 하고 입을 맞추니
46. 그들이 예수께 손을 대어 잡거늘
47. 곁에 서 있는 자 중의 한 사람이 칼을 빼어 대제사장의 종을 쳐 그 귀를 떨어뜨
리니라
48. 예수께서 무리에게 말씀하여 이르시되 너희가 강도를 잡는 것 같이 검과 몽치
를 가지고 나를 잡으러 나왔느냐
49. 내가 날마다 너희와 함께 성전에 있으면서 가르쳤으되 너희가 나를 잡지 아니

하였도다 그러나 이는 성경을 이루려 함이니라 하시더라
50. 제자들이 다 예수를 버리고 도망하니라
51. 한 청년이 벗은 몸에 베 홑이불을 두르고 예수를 따라가다가 무리에게
잡히매
52. 베 홑이불을 버리고 벗은 몸으로 도망하니라
53. 그들이 예수를 끌고 대제사장에게로 가니 대제사장들과 장로들과 서기
관들이 다 모이더라
54. 베드로가 예수를 멀찍이 따라 대제사장의 집 뜰 안까지 들어가서 아랫
사람들과 함께 앉아 불을 쬐더라
55. 대제사장들과 온 공회가 예수를 죽이려고 그를 칠 증거를 찾되 얻지 못
하니
56. 이는 예수를 쳐서 거짓 증언 하는 자가 많으나 그 증언이 서로 일치하지
못함이라
57. 어떤 사람들이 일어나 예수를 쳐서 거짓 증언 하여 이르되
58. 우리가 그의 말을 들으니 손으로 지은 이 성전을 내가 헐고 손으로 짓지
아니한 다른 성전을 사흘 동안에 지으리라 하더라 하되
59. 그 증언도 서로 일치하지 않더라
60. 대제사장이 가운데 일어서서 예수에게 물어 이르되 너는 아무 대답도
없느냐 이 사람들이 너를 치는 증거가 어떠하냐 하되
61. 침묵하고 아무 대답도 아니하시거늘 대제사장이 다시 물어 이르되 네가
찬송 받을 이의 아들 그리스도냐
62. 예수께서 이르시되 내가 그니라 인자가 권능자의 우편에 앉은 것과 하

하였도다 그러나 이는 성경을 이루려 함이니라 하시더라
50. 제자들이 다 예수를 버리고 도망하니라
51. 한 청년이 벗은 몸에 베 홑이불을 두르고 예수를 따라가다가 무리에게
잡히매
52. 베 홑이불을 버리고 벗은 몸으로 도망하니라
53. 그들이 예수를 끌고 대제사장에게로 가니 대제사장들과 장로들과 서기
관들이 다 모이더라
54. 베드로가 예수를 멀찍이 따라 대제사장의 집 뜰 안까지 들어가서 아랫
사람들과 함께 앉아 불을 쬐더라
55. 대제사장들과 온 공회가 예수를 죽이려고 그를 칠 증거를 찾되 얻지 못
하니
56. 이는 예수를 쳐서 거짓 증언 하는 자가 많으나 그 증언이 서로 일치하지
못함이라
57. 어떤 사람들이 일어나 예수를 쳐서 거짓 증언 하여 이르되
58. 우리가 그의 말을 들으니 손으로 지은 이 성전을 내가 헐고 손으로 짓지
아니한 다른 성전을 사흘 동안에 지으리라 하더라 하되
59. 그 증언도 서로 일치하지 않더라
60. 대제사장이 가운데 일어서서 예수에게 물어 이르되 너는 아무 대답도
없느냐 이 사람들이 너를 치는 증거가 어떠하냐 하되
61. 침묵하고 아무 대답도 아니하시거늘 대제사장이 다시 물어 이르되 네가
찬송 받을 이의 아들 그리스도냐
62. 예수께서 이르시되 내가 그니라 인자가 권능자의 우편에 앉은 것과 하

늘 구름을 타고 오는 것을 너희가 보리라 하시니
63. 대제사장이 자기 옷을 찢으며 이르되 우리가 어찌 더 증인을 요구하리요
64. 그 신성 모독 하는 말을 너희가 들었도다 너희는 어떻게 생각하느냐 하니 그들이 다 예수를 사형에 해당한 자로 정죄하고
65. 어떤 사람은 그에게 침을 뱉으며 그의 얼굴을 가리고 주먹으로 치며 이르되 선지자 노릇을 하라 하고 하인들은 손바닥으로 치더라
66. 베드로는 아랫뜰에 있더니 대제사장의 여종 하나가 와서
67. 베드로가 불 쬐고 있는 것을 보고 주목하여 이르되 너도 나사렛 예수와 함께 있었도다 하거늘
68. 베드로가 부인하여 이르되 나는 네가 말하는 것이 무엇인지 알지도 못하고 깨닫지도 못하겠노라 하며 앞뜰로 나갈새
69. 여종이 그를 보고 곁에 서 있는 자들에게 다시 이르되 이 사람은 그 도당이라 하되
70. 또 부인하더라 조금 후에 곁에 서 있는 사람들이 다시 베드로에게 말하되 너도 갈릴리 사람이니 참으로 그 도당이니라
71. 그러나 베드로가 저주하며 맹세하되 나는 너희가 말하는 이 사람을 알지 못하노라 하니
72. 닭이 곧 두 번째 울더라 이에 베드로가 예수께서 자기에게 하신 말씀 곧 닭이 두 번 울기 전에 네가 세 번 나를 부인하리라 하심이 기억되어 그 일을 생각하고 울었더라

늘 구름을 타고 오는 것을 너희가 보리라 하시니
63. 대제사장이 자기 옷을 찢으며 이르되 우리가 어찌 더 증인을 요구하리요
64. 그 신성 모독 하는 말을 너희가 들었도다 너희는 어떻게 생각하느냐 하니 그들이 다 예수를 사형에 해당한 자로 정죄하고
65. 어떤 사람은 그에게 침을 뱉으며 그의 얼굴을 가리고 주먹으로 치며 이르되 선지자 노릇을 하라 하고 하인들은 손바닥으로 치더라
66. 베드로는 아랫뜰에 있더니 대제사장의 여종 하나가 와서
67. 베드로가 불 쬐고 있는 것을 보고 주목하여 이르되 너도 나사렛 예수와 함께 있었도다 하거늘
68. 베드로가 부인하여 이르되 나는 네가 말하는 것이 무엇인지 알지도 못하고 깨닫지도 못하겠노라 하며 앞뜰로 나갈새
69. 여종이 그를 보고 곁에 서 있는 자들에게 다시 이르되 이 사람은 그 도당이라 하되
70. 또 부인하더라 조금 후에 곁에 서 있는 사람들이 다시 베드로에게 말하되 너도 갈릴리 사람이니 참으로 그 도당이니라
71. 그러나 베드로가 저주하며 맹세하되 나는 너희가 말하는 이 사람을 알지 못하노라 하니
72. 닭이 곧 두 번째 울더라 이에 베드로가 예수께서 자기에게 하신 말씀 곧 닭이 두 번 울기 전에 네가 세 번 나를 부인하리라 하심이 기억되어 그 일을 생각하고 울었더라

마가복음 15장

1. 새벽에 대제사장들이 즉시 장로들과 서기관들 곧 온 공회와 더불어 의논하고 예수를 결박하여 끌고 가서 빌라도에게 넘겨 주니
2. 빌라도가 묻되 네가 유대인의 왕이냐 예수께서 대답하여 이르시되 네 말이 옳도다 하시매
3. 대제사장들이 여러 가지로 고발하는지라
4. 빌라도가 또 물어 이르되 아무 대답도 없느냐 그들이 얼마나 많은 것으로 너를 고발하는가 보라 하되
5. 예수께서 다시 아무 말씀으로도 대답하지 아니하시니 빌라도가 놀랍게 여기더라
6. 명절이 되면 백성들이 요구하는 대로 죄수 한 사람을 놓아 주는 전례가 있더니
7. 민란을 꾸미고 그 민란중에 살인하고 체포된 자 중에 바라바라 하는 자가 있는지라
8. 무리가 나아가서 전례대로 하여 주기를 요구한대
9. 빌라도가 대답하여 이르되 너희는 내가 유대인의 왕을 너희에게 놓아 주기를 원하느냐 하니
10. 이는 그가 대제사장들이 시기로 예수를 넘겨 준 줄 앎이러라
11. 그러나 대제사장들이 무리를 충동하여 도리어 바라바를 놓아 달라 하게 하니
12. 빌라도가 또 대답하여 이르되 그러면 너희가 유대인의 왕이라 하는 이를 내가 어떻게 하랴

마가복음 15장

1. 새벽에 대제사장들이 즉시 장로들과 서기관들 곧 온 공회와 더불어 의논하고 예수를 결박하여 끌고 가서 빌라도에게 넘겨 주니
2. 빌라도가 묻되 네가 유대인의 왕이냐 예수께서 대답하여 이르시되 네 말이 옳도다 하시매
3. 대제사장들이 여러 가지로 고발하는지라
4. 빌라도가 또 물어 이르되 아무 대답도 없느냐 그들이 얼마나 많은 것으로 너를 고발하는가 보라 하되
5. 예수께서 다시 아무 말씀으로도 대답하지 아니하시니 빌라도가 놀랍게 여기더라
6. 명절이 되면 백성들이 요구하는 대로 죄수 한 사람을 놓아 주는 전례가 있더니
7. 민란을 꾸미고 그 민란중에 살인하고 체포된 자 중에 바라바라 하는 자가 있는지라
8. 무리가 나아가서 전례대로 하여 주기를 요구한대
9. 빌라도가 대답하여 이르되 너희는 내가 유대인의 왕을 너희에게 놓아 주기를 원하느냐 하니
10. 이는 그가 대제사장들이 시기로 예수를 넘겨 준 줄 앎이러라
11. 그러나 대제사장들이 무리를 충동하여 도리어 바라바를 놓아 달라 하게 하니
12. 빌라도가 또 대답하여 이르되 그러면 너희가 유대인의 왕이라 하는 이를 내가 어떻게 하랴

13. 그들이 다시 소리 지르되 그를 십자가에 못 박게 하소서
14. 빌라도가 이르되 어찜이냐 무슨 악한 일을 하였느냐 하니 더욱 소리 지르되 십자가에 못 박게 하소서 하는지라
15. 빌라도가 무리에게 만족을 주고자 하여 바라바는 놓아 주고 예수는 채찍질하고 십자가에 못 박히게 넘겨 주니라
16. 군인들이 예수를 끌고 브라이도리온이라는 뜰 안으로 들어가서 온 군대를 모으고
17. 예수에게 자색 옷을 입히고 가시관을 엮어 씌우고
18. 경례하여 이르되 유대인의 왕이여 평안할지어다 하고
19. 갈대로 그의 머리를 치며 침을 뱉으며 꿇어 절하더라
20. 희롱을 다 한 후 자색 옷을 벗기고 도로 그의 옷을 입히고 십자가에 못 박으려고 끌고 나가니라
21. 마침 알렉산더와 루포의 아버지인 구레네 사람 시몬이 시골로부터 와서 지나가는데 그들이 그를 억지로 같이 가게 하여 예수의 십자가를 지우고
22. 예수를 끌고 골고다라 하는 곳(번역하면 해골의 곳)에 이르러
23. 몰약을 탄 포도주를 주었으나 예수께서 받지 아니하시니라
24. 십자가에 못 박고 그 옷을 나눌새 누가 어느 것을 가질까 하여 제비를 뽑더라
25. 때가 제삼시가 되어 십자가에 못 박으니라
26. 그 위에 있는 죄패에 유대인의 왕이라 썼고
27. 강도 둘을 예수와 함께 십자가에 못 박으니 하나는 그의 우편에, 하나는 좌편에 있더라
28. (없음)
29. 지나가는 자들은 자기 머리를 흔들며 예수를 모욕하여 이르되 아하 성전을 헐

13. 그들이 다시 소리 지르되 그를 십자가에 못 박게 하소서
14. 빌라도가 이르되 어찜이냐 무슨 악한 일을 하였느냐 하니 더욱 소리 지르되 십자가에 못 박게 하소서 하는지라
15. 빌라도가 무리에게 만족을 주고자 하여 바라바는 놓아 주고 예수는 채찍질하고 십자가에 못 박히게 넘겨 주니라
16. 군인들이 예수를 끌고 브라이도리온이라는 뜰 안으로 들어가서 온 군대를 모으고
17. 예수에게 자색 옷을 입히고 가시관을 엮어 씌우고
18. 경례하여 이르되 유대인의 왕이여 평안할지어다 하고
19. 갈대로 그의 머리를 치며 침을 뱉으며 꿇어 절하더라
20. 희롱을 다 한 후 자색 옷을 벗기고 도로 그의 옷을 입히고 십자가에 못 박으려고 끌고 나가니라
21. 마침 알렉산더와 루포의 아버지인 구레네 사람 시몬이 시골로부터 와서 지나가는데 그들이 그를 억지로 같이 가게 하여 예수의 십자가를 지우고
22. 예수를 끌고 골고다라 하는 곳(번역하면 해골의 곳)에 이르러
23. 몰약을 탄 포도주를 주었으나 예수께서 받지 아니하시니라
24. 십자가에 못 박고 그 옷을 나눌새 누가 어느 것을 가질까 하여 제비를 뽑더라
25. 때가 제삼시가 되어 십자가에 못 박으니라
26. 그 위에 있는 죄패에 유대인의 왕이라 썼고
27. 강도 둘을 예수와 함께 십자가에 못 박으니 하나는 그의 우편에, 하나는 좌편에 있더라
28. (없음)
29. 지나가는 자들은 자기 머리를 흔들며 예수를 모욕하여 이르되 아하 성전을 헐

고 사흘에 짓는다는 자여
30. 네가 너를 구원하여 십자가에서 내려오라 하고
31. 그와 같이 대제사장들도 서기관들과 함께 희롱하며 서로 말하되 그가
남은 구원하였으되 자기는 구원할 수 없도다
32. 이스라엘의 왕 그리스도가 지금 십자가에서 내려와 우리가 보고 믿게
할지어다 하며 함께 십자가에 못 박힌 자들도 예수를 욕하더라
33. 제육시가 되매 온 땅에 어둠이 임하여 제구시까지 계속하더니
34. 제구시에 예수께서 크게 소리 지르시되 엘리 엘리 라마 사박다니 하시
니 이를 번역하면 나의 하나님, 나의 하나님 어찌하여 나를 버리셨나이
까 하는 뜻이라
35. 곁에 섰던 자 중 어떤 이들이 듣고 이르되 보라 엘리야를 부른다 하고
36. 한 사람이 달려가서 해면에 신 포도주를 적시어 갈대에 꿰어 마시게 하
고 이르되 가만 두라 엘리야가 와서 그를 내려 주나 보자 하더라
37. 예수께서 큰 소리를 지르시고 숨지시니라
38. 이에 성소 휘장이 위로부터 아래까지 찢어져 둘이 되니라
39. 예수를 향하여 섰던 백부장이 그렇게 숨지심을 보고 이르되 이 사람은
진실로 하나님의 아들이었도다 하더라
40. 멀리서 바라보는 여자들도 있었는데 그 중에 막달라 마리아와 또 작은
야고보와 요세의 어머니 마리아와 또 살로메가 있었으니
41. 이들은 예수께서 갈릴리에 계실 때에 따르며 섬기던 자들이요 또 이 외
에 예수와 함께 예루살렘에 올라온 여자들도 많이 있었더라
42. 이 날은 준비일 곧 안식일 전날이므로 저물었을 때에

고 사흘에 짓는다는 자여
30. 네가 너를 구원하여 십자가에서 내려오라 하고
31. 그와 같이 대제사장들도 서기관들과 함께 희롱하며 서로 말하되 그가
남은 구원하였으되 자기는 구원할 수 없도다
32. 이스라엘의 왕 그리스도가 지금 십자가에서 내려와 우리가 보고 믿게
할지어다 하며 함께 십자가에 못 박힌 자들도 예수를 욕하더라
33. 제육시가 되매 온 땅에 어둠이 임하여 제구시까지 계속하더니
34. 제구시에 예수께서 크게 소리 지르시되 엘리 엘리 라마 사박다니 하시
니 이를 번역하면 나의 하나님, 나의 하나님 어찌하여 나를 버리셨나이
까 하는 뜻이라
35. 곁에 섰던 자 중 어떤 이들이 듣고 이르되 보라 엘리야를 부른다 하고
36. 한 사람이 달려가서 해면에 신 포도주를 적시어 갈대에 꿰어 마시게 하
고 이르되 가만 두라 엘리야가 와서 그를 내려 주나 보자 하더라
37. 예수께서 큰 소리를 지르시고 숨지시니라
38. 이에 성소 휘장이 위로부터 아래까지 찢어져 둘이 되니라
39. 예수를 향하여 섰던 백부장이 그렇게 숨지심을 보고 이르되 이 사람은
진실로 하나님의 아들이었도다 하더라
40. 멀리서 바라보는 여자들도 있었는데 그 중에 막달라 마리아와 또 작은
야고보와 요세의 어머니 마리아와 또 살로메가 있었으니
41. 이들은 예수께서 갈릴리에 계실 때에 따르며 섬기던 자들이요 또 이 외
에 예수와 함께 예루살렘에 올라온 여자들도 많이 있었더라
42. 이 날은 준비일 곧 안식일 전날이므로 저물었을 때에

43. 아리마대 사람 요셉이 와서 당돌히 빌라도에게 들어가 예수의 시체를 달라 하니 이 사람은 존경 받는 공회원이요 하나님의 나라를 기다리는 자라
44. 빌라도는 예수께서 벌써 죽었을까 하고 이상히 여겨 백부장을 불러 죽은 지가 오래냐 묻고
45. 백부장에게 알아 본 후에 요셉에게 시체를 내주는지라
46. 요셉이 세마포를 사서 예수를 내려다가 그것으로 싸서 바위 속에 판 무덤에 넣어 두고 돌을 굴려 무덤 문에 놓으매
47. 막달라 마리아와 요세의 어머니 마리아가 예수 둔 곳을 보더라

마가복음 16장

1. 안식일이 지나매 막달라 마리아와 야고보의 어머니 마리아와 또 살로메가 가서 예수께 바르기 위하여 향품을 사다 두었다가
2. 안식 후 첫날 매우 일찍이 해 돋을 때에 그 무덤으로 가며
3. 서로 말하되 누가 우리를 위하여 무덤 문에서 돌을 굴려 주리요 하더니
4. 눈을 들어본즉 벌써 돌이 굴려져 있는데 그 돌이 심히 크더라
5. 무덤에 들어가서 흰 옷을 입은 한 청년이 우편에 앉은 것을 보고 놀라매
6. 청년이 이르되 놀라지 말라 너희가 십자가에 못 박히신 나사렛 예수를 찾는구나 그가 살아나셨고 여기 계시지 아니하니라 보라 그를 두었던 곳이니라
7. 가서 그의 제자들과 베드로에게 이르기를 예수께서 너희보다 먼저 갈릴리로 가시나니 전에 너희에게 말씀하신 대로 너희가 거기서 뵈오리라 하라 하는지라
8. 여자들이 몹시 놀라 떨며 나와 무덤에서 도망하고 무서워하여 아무에게 아무 말도 하지 못하더라

43. 아리마대 사람 요셉이 와서 당돌히 빌라도에게 들어가 예수의 시체를 달라 하니 이 사람은 존경 받는 공회원이요 하나님의 나라를 기다리는 자라
44. 빌라도는 예수께서 벌써 죽었을까 하고 이상히 여겨 백부장을 불러 죽은 지가 오래냐 묻고
45. 백부장에게 알아 본 후에 요셉에게 시체를 내주는지라
46. 요셉이 세마포를 사서 예수를 내려다가 그것으로 싸서 바위 속에 판 무덤에 넣어 두고 돌을 굴려 무덤 문에 놓으매
47. 막달라 마리아와 요세의 어머니 마리아가 예수 둔 곳을 보더라

마가복음 16장

1. 안식일이 지나매 막달라 마리아와 야고보의 어머니 마리아와 또 살로메가 가서 예수께 바르기 위하여 향품을 사다 두었다가
2. 안식 후 첫날 매우 일찍이 해 돋을 때에 그 무덤으로 가며
3. 서로 말하되 누가 우리를 위하여 무덤 문에서 돌을 굴려 주리요 하더니
4. 눈을 들어본즉 벌써 돌이 굴려져 있는데 그 돌이 심히 크더라
5. 무덤에 들어가서 흰 옷을 입은 한 청년이 우편에 앉은 것을 보고 놀라매
6. 청년이 이르되 놀라지 말라 너희가 십자가에 못 박히신 나사렛 예수를 찾는구나 그가 살아나셨고 여기 계시지 아니하니라 보라 그를 두었던 곳이니라
7. 가서 그의 제자들과 베드로에게 이르기를 예수께서 너희보다 먼저 갈릴리로 가시나니 전에 너희에게 말씀하신 대로 너희가 거기서 뵈오리라 하라 하는지라
8. 여자들이 몹시 놀라 떨며 나와 무덤에서 도망하고 무서워하여 아무에게 아무 말도 하지 못하더라

9. [예수께서 안식 후 첫날 이른 아침에 살아나신 후 전에 일곱 귀신을 쫓
아내어 주신 막달라 마리아에게 먼저 보이시니
10. 마리아가 가서 예수와 함께 하던 사람들이 슬퍼하며 울고 있는 중에 이
일을 알리매
11. 그들은 예수께서 살아나셨다는 것과 마리아에게 보이셨다는 것을 듣고
도 믿지 아니하니라
12. 그 후에 그들 중 두 사람이 걸어서 시골로 갈 때에 예수께서 다른 모양
으로 그들에게 나타나시니
13. 두 사람이 가서 남은 제자들에게 알리었으되 역시 믿지 아니하니라
14. 그 후에 열한 제자가 음식 먹을 때에 예수께서 그들에게 나타나사 그들
의 믿음 없는 것과 마음이 완악한 것을 꾸짖으시니 이는 자기가 살아난
것을 본 자들의 말을 믿지 아니함일러라
15. 또 이르시되 너희는 온 천하에 다니며 만민에게 복음을 전파하라
16. 믿고 세례를 받는 사람은 구원을 얻을 것이요 믿지 않는 사람은 정죄를
받으리라
17. 믿는 자들에게는 이런 표적이 따르리니 곧 그들이 내 이름으로 귀신을
쫓아내며 새 방언을 말하며
18. 뱀을 집어올리며 무슨 독을 마실지라도 해를 받지 아니하며 병든 사람
에게 손을 얹은즉 나으리라 하시더라
19. 주 예수께서 말씀을 마치신 후에 하늘로 올려지사 하나님 우편에 앉으
시니라
20. 제자들이 나가 두루 전파할새 주께서 함께 역사하사 그 따르는 표적으

9. [예수께서 안식 후 첫날 이른 아침에 살아나신 후 전에 일곱 귀신을 쫓
아내어 주신 막달라 마리아에게 먼저 보이시니
10. 마리아가 가서 예수와 함께 하던 사람들이 슬퍼하며 울고 있는 중에 이
일을 알리매
11. 그들은 예수께서 살아나셨다는 것과 마리아에게 보이셨다는 것을 듣고
도 믿지 아니하니라
12. 그 후에 그들 중 두 사람이 걸어서 시골로 갈 때에 예수께서 다른 모양
으로 그들에게 나타나시니
13. 두 사람이 가서 남은 제자들에게 알리었으되 역시 믿지 아니하니라
14. 그 후에 열한 제자가 음식 먹을 때에 예수께서 그들에게 나타나사 그들
의 믿음 없는 것과 마음이 완악한 것을 꾸짖으시니 이는 자기가 살아난
것을 본 자들의 말을 믿지 아니함일러라
15. 또 이르시되 너희는 온 천하에 다니며 만민에게 복음을 전파하라
16. 믿고 세례를 받는 사람은 구원을 얻을 것이요 믿지 않는 사람은 정죄를
받으리라
17. 믿는 자들에게는 이런 표적이 따르리니 곧 그들이 내 이름으로 귀신을
쫓아내며 새 방언을 말하며
18. 뱀을 집어올리며 무슨 독을 마실지라도 해를 받지 아니하며 병든 사람
에게 손을 얹은즉 나으리라 하시더라
19. 주 예수께서 말씀을 마치신 후에 하늘로 올려지사 하나님 우편에 앉으
시니라
20. 제자들이 나가 두루 전파할새 주께서 함께 역사하사 그 따르는 표적으

로 말씀을 확실히 증언하시니라]

로 말씀을 확실히 증언하시니라]

DATE :　　　.　　　.　　　.

DATE : . . .

DATE : . . .

DATE :   .   .   .

많은 사람들이 하나님은 존재하지 않으며, 혼자의 힘으로 살 수 있다고 말합니다. 하지만 하나님은 우리를 만드셨고, 우리를 통해 많은 일을 하십니다. 우리의 존재 자체가 하나님의 큰 은혜이며, 선물입니다.
하나님을 떠나 사는 이들이 너무 많습니다. 깊은 신앙을 가졌던 이들조차도 하나님의 은혜를 잊은 채 자기 중심적으로 살고 있습니다. 내 삶은 그 누구도 간섭할 수 없음을 강조하며, 세상의 많은 유혹에 휩쓸려 살아가고 있습니다.
하나님을 신실하게 믿었던 기독교인이라면 뜨거웠던 하나님과의 첫사랑을 기억할 것입니다. 하지만 지금은 어떤가요? 다른 사람의 이야기처럼 변해버린 과거의 경험담에 불과한 삶을 살고 있진 않은가요?

하나님은 언제나 그 자리에 계시며, 우리가 돌아오기만을 바라고 계십니다. 하나님께 돌아갈 수 없을 것만 같은 당신에게도 환한 미소로 손을 내밀고 계십니다.
삶에 희망이 없고, 살아갈 힘이 없나요? 하나님은 이런 당신에게 큰 위로와 용기를 주길 원하십니다.

돌아온탕자는 하나님을 떠난 이들을 하나님께 인도하는 푯대 역할을 합니다. 믿음을 잃은 이들에게 하나님의 사랑을 전하는 문서 선교의 중심입니다.

돌아온탕자는 교도소, 고아원 등을 후원합니다. 단 한 명이라도 하나님께 인도하기 위해 최선을 다하는 하나님의 기업이 되겠습니다.

돌아온탕자